Von Ammas Herz

Gespräche mit
Sri Mata Amritanandamayi

Übersetzt und aufgeschrieben von
Swami Amritaswarupananda Puri

Mata Amritanandamayi Center, San Ramon
Kalifornien, Vereinigte Staaten

Von Ammas Herz:
Gespräche mit Sri Mata Amritanandamayi
Geschrieben und englische Übersetzung von
Swami Amritaswarupananda Puri

Herausgegeben von
Mata Amritanandamayi Center
P.O. Box 613
San Ramon, CA 94583
Vereinigte Staaten

————— *From Amma's Heart (German)* —————

Zweite überarbeitete Ausgabe: November 2023

International: amma.org

In Deutschland: www.amma.de

In der Schweiz: www.amma-schweiz.ch

Inhaltsverzeichnis

Vorwort

Ohne verbale Kommunikation wäre das menschliche Leben armselig. Ideen auszutauschen und Gefühle zu teilen sind ein wesentlicher Bestandteil des Lebens. Jedoch hilft uns die Stille, die wir durch Gebet und Meditation erlangen, Frieden und wahres Glück in dieser lauten Welt der streitenden Gegensätze und des Wettbewerbs zu finden.

Im normalen Alltagsleben, wo Menschen in vielen Situationen miteinander sprechen und interagieren müssen, ist es schwierig still zu bleiben. Selbst in einer ruhigen Umgebung ist das gar nicht so leicht. Es kann sogar gewöhnliche Menschen verrückt machen. Dennoch ist glückselige Stille die wahre Natur von göttlichen Persönlichkeiten wie Amma.

Amma dabei zu beobachten, wie sie den verschiedensten Situationen und Menschen rund um den Globus begegnet, hat mich die Anmut und Vollkommenheit erkennen lassen, mit der sie ihre Rolle und ihre Stimmung verändert. In einem Moment ist Amma der höchste spirituelle Meister und im nächsten die mitfühlende Mutter. Manchmal wird sie zum Kind, ein anderes Mal zum Verwalter. Nachdem sie Vorstandsvorsitzende, preisgekrönte Wissenschaftler und weltweit führende Persönlichkeiten beraten hat, steht sie einfach auf und geht zur Darśhan-Halle. Dort empfängt und umsorgt sie Tausende ihrer Kinder aus allen Lebenslagen. Allgemein verbringt Amma ihren ganzen Tag - und den größten Teil ihrer Nacht - damit, sich um ihre Kinder zu kümmern, ihnen zuzuhören, ihre Tränen zu trocknen, ihnen Glauben, Zuversicht und Stärke zu vermitteln. Dabei bleibt Amma ständig in ihrer natürlichen Gelassenheit. Sie wird nie müde und beschwert sich nie. Ihr Gesicht ist stets von einem strahlenden Lächeln erleuchtet. Amma, die „Außergewöhnliche in gewöhnlicher Gestalt", widmet jeden Augenblick ihres Lebens anderen.

Was unterscheidet Amma von uns? Was ist das Geheimnis? Woher kommt ihre endlose Kraft und Energie? Ammas Gegenwart offenbart die Antwort auf diese Fragen so klar und greifbar. Ihre Worte bestätigen es: „Die Schönheit deiner Worte, der Charme in deinen Taten, der Zauber deiner Bewegungen - sie alle hängen von der Stille ab, die du in dir schaffst. Menschen habe die Fähigkeit, tiefer und tiefer in diese Stille zu sinken. Je tiefer du hineingehst, desto näher kommst du dem Unendlichen."

Diese tiefe Stille ist der Kern von Ammas Wesen. Die bedingungslose Liebe, die unglaubliche Geduld, die unvergleichliche Anmut und Reinheit - alles, was Amma verkörpert, ist eine Erweiterung der unermesslichen Stille, in der sie stehts weilt.

Es gab eine Zeit, in der Amma nicht sprach, wie sie es heute tut. Als sie einmal danach gefragt wurde, sagte Amma: „Auch wenn Amma spräche, würdet ihr nichts verstehen." Warum? So unwissend wie wir sind, können wir nicht einmal ansatzweise diese höchste und subtilste Erfahrungsebene erfassen, auf der sich Amma befindet. Warum spricht Amma dann? Am besten sagt man es mit Ammas eigenen Worten: „Führt niemand die Wahrheitssuchenden, könnten sie den Weg verlassen, weil sie denken, dass es so etwas wie Selbstverwirklichung nicht gibt."

Tatsächlich schweigen große Seelen wie Amma lieber statt über die Wirklichkeit hinter dieser objektiven Welt der Ereignisse zu sprechen. Amma weiß sehr genau, dass die Wahrheit durch Worte mitgeteilt, unweigerlich verzerrt wird. Unser begrenzter, unwissender Mind[1] interpretiert sie so, dass unser Ego am wenigsten gestört ist. Dennoch spricht diese Verkörperung des Mitgefühls bewusst zu uns, beantwortet unsere

---

[1] *Mind* = der Fluss, all unserer Gedanken, Gefühle, Konzepte, innewohnenden Neigungen und Überzeugungen und Angewohnheiten, der mit dem Pendel einer Uhr verglichen werden kann. Wie das Pendel einer Uhr schwingt der Mind ununterbrochen von Glück zu Leid und wieder zurück.

Fragen und beseitigt unsere Zweifel. Sie weiß sehr wohl, dass unser Mind nur noch mehr verwirrende Fragen hervorbringt. Ammas Geduld und ihre reine Liebe für die Menschheit sind der Grund, warum sie fortfährt, auf unsere einfältigen Fragen zu antworten. Sie wird damit nicht aufhören, bevor nicht auch unser Mind in glückseliger Stille verstummt ist.

In den in diesem Buch dokumentierten Gesprächen begibt sich Amma, der Meister der Meister, gedanklich auf die Ebene ihrer Schüler. Sie hilft uns, einen kleinen Einblick in die unveränderliche Wirklichkeit zu erlangen, die die Basis der sich wandelnden Welt ist.

Ich habe diese Perlen der Weisheit seit 1999 gesammelt. Fast alle dieser Gespräche und schönen Begebenheiten wurden während Ammas westlichen Tourneen aufgezeichnet. Während ich beim Darśhan an Ammas Seite saß, habe ich versucht, den süßen, göttlichen Melodien aus Ammas Herzen zu lauschen, die sie stets bereitwillig an ihre Kinder verströmt. Die Reinheit, Einfachheit und Tiefe von Ammas Worten einzufangen, ist nicht leicht. Es übersteigt definitiv meine Fähigkeiten. Doch war es mir nur aufgrund ihres grenzenlosen Mitgefühls möglich, diese göttlichen Worte aufzuzeichnen und hier wiederzugeben.

Wie Amma selbst, so haben auch Ammas Worte eine tiefere Dimension, eine unendliche Seite, die der normale menschliche Mind nicht erfassen kann. Ich muss meine eigene Unfähigkeit eingestehen, die tiefere Bedeutung von Ammas Worten vollkommen verstehen und wertschätzen können. Unser Mind, der in der banalen Welt der Objekte herumtrödelt, kann diesen höchsten Bewusstseinszustand, von dem aus Amma spricht, auch nicht annähernd begreifen. Dennoch habe ich das starke Gefühl, dass die hier enthaltenen Worte von Amma sehr außergewöhnlich und verschieden sind als die in den früheren Büchern.

Mein aufrichtiger Wunsch war, eine Auswahl von Ammas bezaubernden und ungezwungenen Gesprächen mit ihren Kindern vorzustellen. Ich habe vier Jahre gebraucht um sie zu sammeln. In ihnen ist das gesamte Universum enthalten. Diese Worte entstammen den Tiefen von Ammas Bewusstsein. Daher liegt gleich unter ihrer Oberfläche diese glückselige Stille - Ammas wahre Natur. Kontempliert und meditiert über dieses Gefühl und die Worte werden ihre innere Bedeutung offenbaren.

Liebe Leser und Leserinnen, ich bin überzeugt, dass dieses Buch eure spirituelle Suche bereichern und verstärken wird, indem es eure Zweifel beseitigt und euren Mind reinigt.

Swāmī Amritaswarupananda Puri
15. September 2003

Dieses Buch ist den Lotusfüßen
unserer innigst geliebten Amma,
der Quelle aller Schönheit und Liebe, gewidmet.

Sinn des Lebens

Frage: Amma, was ist der Sinn des Lebens?

Amma: Das hängt von deinen Prioritäten ab und davon, wie du das Leben siehst.

Frage: Meine Frage ist, was ist der „wahre" Sinn des Lebens?

Amma: Der wahre Sinn ist das zu erleben, was jenseits dieser körperlichen Existenz liegt.
   Doch jeder betrachtet das Leben anders. Die meisten Menschen sehen das Leben als einen ständigen Kampf ums Überleben. Solche Leute glauben an die Theorie „der Stärkste

wird überleben". Sie sind mit einer normalen Lebensweise zufrieden – zum Beispiel, ein Haus, einen Job, ein Auto, eine Frau oder einen Mann, Kinder und genug Geld zum Leben. Ja, dies sind wichtige Dinge und wir müssen uns auf unser tägliches Leben konzentrieren und uns um unsere Verantwortungen und Pflichten kümmern, sowohl die kleinen wie die großen. Aber es gehört noch mehr zum Leben, den höherer Sinn, zu wissen und zu verstehen, wer wir sind.

Frage: Amma, was erzielen wir, wenn wir wissen, wer wir sind?

Amma: Alles. Ein Gefühl der vollkommenen Fülle, außer der es im Leben absolut nichts mehr zu erreichen gibt. Durch diese Erkenntnis wird das Leben vollkommen.

Unabhängig von allem, was wir angehäuft haben oder anstreben, fühlt sich für die meisten Menschen das Leben immer noch unvollkommen an – wie der Buchstabe „C". Diese Lücke oder Mangel wird immer vorhanden sein. Nur spirituelles Wissen und die Verwirklichung des Selbst (Atman[1]) kann diese Lücke füllen und die beiden Enden zu einem „0" vereinen. Nur das Wissen vom „Dem" wird uns helfen, uns im wahren Zentrum des Lebens zu verankern.

Frage: Wenn dem so ist, was ist dann mit den weltlichen Verpflichtungen, die man erfüllen muss?

Amma: Ganz egal, wer wir sind oder was wir tun, die Pflichten, denen wir in der Welt nachgehen, sollten uns dabei helfen, zum höchsten Dharma (Rechtschaffenheit) zu kommen. Das ist das Eins-Sein mit dem Universellen Selbst. Alle Lebewesen sind Eins, weil das Leben Eins ist, hat das Leben nur ein Ziel. Identifiziert man sich mit Körper und Mind, denkt man: „Das Selbst

---

[1] Erklärungen zu allen Sanskrit Wörter findest du im Glossar Seite xx

zu ergründen und Selbstverwirklichung anzustreben ist nicht mein Dharma; mein Dharma ist die Arbeit als Musiker oder als Schauspieler oder als Geschäftsmann." Es ist in Ordnung, wenn du das so empfindest. Dennoch wirst du niemals Erfüllung finden, solange du nicht deine Energie auf das höchste Ziel im Leben ausrichtest.

Frage: Amma, du sagst, dass für jeden der Sinn des Lebens die Selbstverwirklichung ist. Aber es scheint gar nicht so zu sein. Die meisten Leute erlangen diese Verwirklichung nicht oder streben sie gar nicht an.

Amma: Das ist so, weil die meisten Menschen kein spirituelles Verständnis haben. Das ist es, was als Māyā bekannt ist, die illusorische Kraft der Welt, welche die Wahrheit verhüllt und die Menschheit von ihr entfernt.

Ob wir uns dessen bewusst sind oder nicht, der wahre Sinn des Lebens ist, die innewohnende Göttlichkeit zu verwirklichen. Es gibt viele Dinge, von denen du in deinem jetzigen Bewusstseinszustand vielleicht nichts weißt. Es ist kindisch zu sagen: „Es gibt sie nicht, weil sie mir nicht bewusst sind." Während sich Situationen und Erfahrungen entfalten, werden sich neue und unbekannte Lebens-Phasen auftun, die dich deinem wahren Selbst immer näherbringen. Es ist nur eine Frage der Zeit. Bei einigen hat diese Verwirklichung schon stattgefunden; bei manchen kann es jeden Moment so weit sein; und bei anderen, wiederum, wird es noch eine Weile dauern. Nur weil es bisher nicht geschehen ist oder in diesem Leben vielleicht nicht mehr geschieht, solltest du nicht denken, dass es nie stattfinden wird.

In dir wartet ein immenses Wissen auf deine Erlaubnis sich zu entfalten. Aber es wird nicht geschehen, solange du es nicht wirklich zulässt.

Frage: Wer soll es zulassen? Der Mind?

Amma: Dein ganzes Sein – dein Körper, Intellekt und Mind.

Frage: Ist es eine Frage des Verstehens?

Amma: Es ist eine Frage des Verstehens und des Tuns.

Frage: Wie entwickeln wir dieses Verständnis?

Amma: Indem wir Demut entwickeln.

Frage: Was ist so besonders an Demut?

Amma: Demut macht dich empfänglich für alle Erfahrungen, ohne sie zu beurteilen. Auf diese Weise lernst du mehr.

Es geht nicht nur alleine um intellektuelles Verstehen. Die Welt ist voll von Menschen, die mehr als genug spirituelles Wissen in ihren Köpfen haben. Aber wie viele von ihnen sind wirklich spirituell und streben ernsthaft danach, das Ziel zu erreichen oder versuchen wenigstens, ein tieferes Verständnis von spirituellen Prinzipien zu erlangen? Sehr wenige, nicht wahr?

Frage: Amma, was ist dann das eigentliche Problem? Ist es der fehlende Glauben oder die Unfähigkeit, aus unserem Mind herauszukommen?

Amma: Hast du wahren Glauben, dann fällst du automatisch ins Herz.

Frage: Also ist es Mangel and Glauben?

Amma: Was denkst du?

Frage: Ja, es ist der fehlende Glaube. Aber warum nanntest du es in das Herz „fallen"?

Amma: Körperlich gesehen, ist der Kopf der höchste Teil des Körpers. Um von dort aus in das Herz zu gelangen, muss man fallen. Aus spiritueller Sicht jedoch bedeutet es, sich zu erheben und empor zu steigen.

Patienten brauchen Geduld

Frage: Wie kann man von einem Satguru (wahren Meister) wirkliche Hilfe empfangen?

Amma: Um Hilfe zu bekommen, akzeptiere zunächst, dass du ein Patient bist und dann sei geduldig (engl. patient) .

Frage: Amma, bist du der Arzt?

Amma: Kein guter Arzt würde herumspazieren und verkünden: „Ich bin der beste Arzt. Komm zu mir. Ich werde dich heilen." Hat ein Patient den besten Arzt, ist die Behandlung nicht sehr wirksam, solange der Patient nicht an ihn glaubt.

Unabhängig von Zeit und Ort, werden alle Operationen, die im Operationssaal des Lebens stattfinden, von Gott ausgeführt. Du hast bestimmt schon einmal gesehen, dass Chirurgen während einer Operation eine Maske tragen. Während dessen kann sie niemand erkennen. Genauso verbirgt sich gleich unter der Oberfläche aller Erfahrungen des Lebens das mitfühlende Gesicht Gottes oder des Gurus.

Frage: Amma, hast du kein Mitgefühl mit deinen Schülern, wenn es daran geht, ihre Egos zu entfernen?

Amma: Operiert ein Doktor und entfernt das krebsbefallende Körperteil des Patienten, würdest du das als gefühllos bezeichnen? So gesehen hat auch Amma kein Mitgefühl. Sind die Kinder damit einverstanden, arbeitet sie an deren Ego.

Frage: Was tust du, um ihnen zu helfen?

Amma: Amma hilft ihren Kindern dabei, den Krebs des Egos – die inneren Schwächen und Negativitäten – zu sehen und macht es ihnen leichter diese loszuwerden. Das ist wahres Mitgefühl.

Frage: Betrachtest du sie als deine Patienten?

Amma: Es ist wichtiger, dass *sie* begreifen, dass sie Patienten sind.

Frage: Amma, was meinst du mit „Einverständnis des Schülers"?

Amma: Glaube und Liebe.

Frage: Amma, das ist jetzt eine dumme Frage. Aber ich muss sie einfach stellen. Bitte vergib mir, wenn ich zu albern bin.

Amma: Nur zu, frage!

Frage: Wie viel Prozent deiner Operationen verlaufen erfolgreich?

Amma lachte laut auf und gab dem Devotees einen zärtlichen Klaps auf den Kopf.

Amma: (immer noch lachend) Sohn, erfolgreiche Operationen sind sehr selten.

Frage: Warum?

Amma: Weil es das Ego den meisten Menschen nicht erlaubt, mit dem Arzt zu kooperieren. Es verhindert, dass der Arzt seine Arbeit gut machen kann.

Frage: (schelmisch) Der Arzt bist du, stimmt's?

Amma: (auf Englisch) Weiß ich nicht.

Frage: Okay Amma, was ist die grundlegende Voraussetzung, dass eine solche Operation erfolgreich verläuft?

Amma: Liegt ein Patient erst einmal auf dem Operationstisch, ist das Einzige, was er oder sie tun kann, still zu sein, an den Arzt zu glauben und sich hinzugeben. Heutzutage betäuben Ärzte die Patienten sogar bei kleinen Operationen. Niemand will Schmerz ertragen. Die Leute wollen lieber bewusstlos sein als wach bleiben, wenn sie sich Schmerzen unterziehen müssen. Betäubung bewirkt, lokal oder vollständig, dass der Patient vom Eingriff nichts mitbekommt. Ein wahrer Meister bevorzugt es jedoch, dass du bei Bewusstsein bist, während er an dir – an deinem Ego – arbeitet. Durch die Operation des göttlichen Meisters wird das verkrebste Ego des Schülers entfernt. Der ganze Prozess ist viel einfacher, wenn der Schüler dabei offen und bewusst bleiben kann.

Die wahre Bedeutung
von Dharma

Frage: Dharma wird von verschiedenen Personen auf verschiedene Weise erklärt. Es ist verwirrend, so viele Interpretationen für einen einzigen Begriff wie Dharma zu haben. Amma, was ist die wahre Bedeutung von Dharma?

Amma: Die wahre Bedeutung von Dharma zeigt sich erst dann, wenn wir Gott als unsere Quelle und unsere Kraft erkennen. Du kannst sie nicht in Worten oder Büchern finden.

Frage: Das ist das allerhöchste Dharma oder? Aber wie können wir die Bedeutung für unser tägliches Leben finden?

Amma: Es offenbart sich in jedem von uns während wir durch die vielen Erfahrungen des Lebens gehen. Manche Menschen erkennen das schnell. Sie finden rasch den richtigen Weg und die richtige Handlungsweise. Für andere ist es ein langsamer Prozess. Sie müssen vielleicht einiges ausprobieren oder auch scheitern, bevor sie damit beginnen können, ihr Dharma in dieser Welt zu leben. Was sie bis dahin getan haben, war nicht umsonst. Es wird ihre Erfahrung bereichern und sie werden auch einige Lektionen daraus lernen, vorausgesetzt, sie bleiben offen.

Frage: Kann ein normales Familienleben mit seinen täglichen Herausforderungen und Problemen, das eigene spirituelle Erwachen behindern?

Amma: Nicht, wenn wir die Selbstverwirklichung als unser höchstes Ziel im Leben betrachten. Ist dies unser Ziel, richten wir unser Denken und Tun so aus, dass es uns dabei hilft, sie zu erlangen oder nicht? Wir sind uns dann immer unserer wahren Bestimmung bewusst. Jemand, der von einem zum anderen Ort reist, wird vielleicht ein paar Mal einen Halt einlegen, um eine Tasse Tee zu trinken oder etwas zu essen, aber er wird immer wieder zu seinem Fahrzeug zurückkehren. Selbst während solcher kleiner Pausen ist er sich stets seines wahren Reiseziels bewusst. Ebenso mögen wir auch im Leben viele Male anhalten und dies und jenes tun. Wir dürfen jedoch nicht vergessen, wieder in das Fahrzeug zu steigen, das uns auf dem spirituellen Weg befördert, und mit unserem Sicherheitsgurt fest angeschnallt sitzen zu bleiben.

Frage: „Sicherheitsgurt fest angeschnallt"?

Amma: Ja. Beim Fliegen können Luftlöcher Turbulenzen verursachen und der Flug kann manchmal holprig sein. Fährt man auf der Straße, können sich Unfälle ereignen. Deshalb ist es immer am besten, sicher zu gehen und gewisse Sicherheitsvorkehrungen zu treffen. Genauso sind auf dem spirituellen Weg Situationen, die Aufruhr im Mind verursachen, nicht zu vermeiden. Um uns vor solchen Umständen zu schützen, müssen wir auf den Satguru hören, Disziplin einhalten und die Gebote und Verbote des Lebens beachten. Dies sind die Sicherheitsgurte, was die spirituelle Reise angeht.

Frage: Das heißt also, dass uns jegliche Arbeit nicht vom höchsten Dharma der Verwirklichung Gottes.abbringen soll. Amma, ist es das, was du uns rätst?

Amma: Ja, für diejenigen von Euch, die ein Leben der Kontemplation und Meditation führen möchten, sollte dieses Feuer der Sehnsucht im Inneren entflammt bleiben.

Die Bedeutung von Dharma ist „das, was erhält" – also das Leben und die Existenz, ist der Ātman (Selbst). Dharma wird meist als „eigene Pflicht" oder „der Pfad, dem man in der Welt folgen soll", verwendet. Es weist letztendlich aber auf die Selbstverwirklichung hin. In diesem Sinn können nur Gedanken und Handlungen Dharma genannt werden, die uns spirituell weiterbringen.

Handlungen, die zur richtigen Zeit, mit der richtigen inneren Haltung und auf die richtige Weise ausgeführt werden, sind dharmisch. Dieser Sinn für die richtige Handlungsweise kann beim Prozess der mentalen Reinigung helfen. Du kannst ein Geschäftsmann oder ein Autofahrer sein, ein Metzger oder ein Politiker; was auch immer dein Beruf sein mag. Verrichtest du deine Arbeit als dein Dharma, als ein Mittel, um *Mōkṣha* (Befreiung) zu erlangen, dann werden deine Handlungen heilig. So kamen die Gōpīs (Kuhhirtinnen) von Vṛindāvan, die ihren Lebensunterhalt durch den Verkauf von Milch und

Butter verdienten, Gott sehr nahe und erreichten schließlich das letztendliche Ziel des Lebens.

LIEBE und Liebe

Frage: Amma, was ist der Unterschied zwischen LIEBE und Liebe?

Amma: Der Unterschied zwischen LIEBE und Liebe ist der Unterschied zwischen Menschen und Gott. LIEBE ist Gottes Natur und Liebe ist die Natur der Menschen.

Frage: Aber Liebe ist doch auch die wahre Natur der Menschen oder?

Amma: Ja, wenn man diese Wahrheit erkennt.

Bewusstsein und Achtsamkeit

Frage: Amma, was ist Gott?

Amma: Gott ist reines Bewusstsein, Gott ist reine Achtsamkeit

Frage: Sind Bewusstsein und Achtsamkeit ein und dasselbe?

Amma: Ja, sie sind dasselbe. Je mehr Bewusstheit du hast, umso achtsamer bist du und umgekehrt.

Frage: Amma, was ist der Unterschied zwischen Materie und Bewusstsein?

Amma: Das eine ist das Äußere und das andere das Innere. Das Äußere ist Materie und das Innere ist Bewusstsein. Das Äußere verändert sich und das Innere, der innewohnende Ātman (Selbst), ist unveränderlich. Alleine die Gegenwart des Ātman, belebt und erhellt alles. Ātman strahlt aus sich selbst heraus, während die Materie dies nicht tut. Ohne Bewusstsein bleibt die Materie unerkannt. Hat man jedoch einmal alle Unterschiede überwunden, erkennt man, dass alles von reinem Bewusstsein durchdrungen ist.

Frage: „Jenseits aller Unterschiede", „Alles ist von reinem Bewusstsein durchdrungen" – Amma, du benutzt immer so schöne Beispiele. Könntest du solch ein Beispiel geben, um diesen Punkt noch anschaulicher darzustellen?

Amma: (lächelnd) Tausende solch schöner Beispiele werden den Mind nicht davon abhalten, dieselben Fragen immer wieder zu wiederholen. Nur die reine Erfahrung wird alle Zweifel klären. Aber wenn der Intellekt durch ein Beispiel zufriedener ist, hat Amma nichts dagegen einzuwenden.

Es ist, wie in einem Wald. Dort sieht man alle möglichen Bäume, Pflanzen und Kleintiere in all ihrer Verschiedenartigkeit. Tritts du aber aus dem Wald heraus, entfernst dich und blickst zurück, verschwinden all die verschiedenen Bäume und Pflanzen langsam, bis du schließlich alles nur noch als einen Wald sieht. Sobald du den Mind überwunden hast, verschwinden all seine Beschränkungen in Form von unbedeutenden Wünschen, sowie alle Unterschiede, welche durch das Gefühl von „ich" und „du" geschaffen wurden. Dann beginnst du, alles als das eine Selbst zu erleben.

Bewusstsein ist immerwährend

Frage: Wenn Bewusstsein immer da ist, gibt es dann einen überzeugenden Beweis für seine Existenz?

Amma: Deine eigene Existenz ist der überzeugendste Beweis für das Bewusstsein. Kannst du deine eigene Existenz leugnen? Nein, denn selbst dein Leugnen beweist, dass du existierst, richtig? Stell dir vor, jemand fragt dich: „Hey, bist du da?" Du antwortest: „Nein, bin ich nicht." Selbst die negative Antwort wird zum eindeutigen Beweis, dass du sehr wohl da bist. Du musst es nicht bestätigen. Verneine es einfach, damit ist es schon bewiesen. Ātman kann also noch nicht einmal angezweifelt werden.

Frage: Wenn das so ist, warum ist es dann so schwer, dies zu erfahren?

Amma: „Das was wahrlich ist" kann nur erfahren werden, wenn wir uns dessen bewusst sind. Andernfalls bleibt es unbekannt, obwohl es existiert, erkennen wir die Wahrheit nicht Das Gesetz der Schwerkraft existierte bereits, bevor es entdeckt wurde. Ein Stein, der hochgeworfen wurde, fällt immer nach unten. Ebenso ist Bewusstsein immer in uns gegenwärtig – jetzt, in diesem Augenblick – aber wir sind uns dessen nicht bewusst. Es gibt nur den gegenwärtigen Augenblick. Aber um dies zu erfahren, brauchen wir eine neue Sichtweise, ein neues Auge und sogar einen neuen Körper.

Frage: „Einen neuen Körper?" Was meinst du damit?

Amma: Das heißt nicht, dass sich der Körper, den du hast, auflösen wird. Er wird genauso aussehen, wie zuvor, aber er wird einer subtilen Veränderung, eine Transformation unterzogen. Denn nur dann kann er das sich ständig erweiternde Bewusstsein aufnehmen.

Frage: Was meinst Du mit „sich erweiterndem Bewusstsein"? Die Upaniṣhaden stellen fest, dass das Absolute „Pūrṇam" (ewig voll) ist. Die Upaniṣhaden sagen „Pūrṇamadaha, Pūrṇamidam…" („dies ist das Ganze, das ist das Ganze…"), ich verstehe deshalb nicht, wie das schon perfekte Bewusstsein noch wachsen kann?

Amma: Das ist durchaus richtig. Dennoch macht der spirituell Suchende auf der individuellen oder physischen Ebene die Erfahrung, dass sich sein Bewusstsein von seiner Sichtweise aus erweitert. Śhakti (göttliche Energie) in ihrem Ganzen ist natürlich unveränderlich. Obwohl es aus vēdāntischer (der hinduistischen Philosophie des Non-Dualismus entstammender) Sicht so etwas wie eine spirituelle Reise nicht gibt, existiert für das Individuum eine so genannte Reise hin zur Vollkommenheit. Hast du das Ziel einmal erreicht, erkennst du, dass der ganze Prozess einschließlich der Reise, in Wirklichkeit nie stattgefunden hat. Du warst und bist immer dort, in diesem Zustand, nie davon entfernt. Bis diese endgültige Verwirklichung eintritt, erweitert sich das Bewusstsein und die Bewusstheit wächst je nach Fortschritt des Sādhaks (spirituell Suchender).

Was passiert beispielsweise, wenn man Wasser aus einem Brunnen schöpft? Der Brunnen wird sofort wieder von der sich darunter befindlichen Quelle mit Wasser aufgefüllt, dies geschieht ständig. Je mehr Wasser du schöpfst, umso mehr Wasser kommt von der Quelle. So gesehen kann man sagen, dass das Wasser im Brunnen aus der nicht versiegenden Quelle zunimmt. Der Brunnen ist voll und er bleibt voll, denn er ist auf ewig mit der Quelle verbunden. Der Brunnen erweitert sich unaufhörlich, ununterbrochen.

Frage: (nach einem nachdenklichen Moment der Stille) Es ist sehr anschaulich, klingt aber trotzdem kompliziert.

Amma: Ja, der Mind kann es nicht begreifen. Amma weiß das. Das Einfachste ist das Schwierigste. Das Leichteste bleibt das Komplizierteste;. und das Nächste erscheint am weitesten. Es wird solange ein Rätsel bleiben, bis du Selbstverwirklichung erlangst. Aus diesem Grund haben die Ṛishis (alten Weisen) Ātman als „entfernter als das Entfernteste und näher als das Nächste" bezeichnet.

Kinder, der menschliche Körper ist ein sehr beschränktes Werkzeug. Er kann das unendliche Bewusstsein nicht aufnehmen. Jedoch wird sich das Bewusstsein in uns immer weiter ausdehnen, sobald wir wie der Brunnen mit der ewigen

Śhakti-Quelle verbunden sind. Sobald höchstes Samādhi (natürlicher Zustand des Verweilens) erreicht wird, wird die Verbindung zwischen Körper und Mind, zwischen Gott und der Welt, in perfekter Harmonie funktionieren. Danach gibt es kein Wachstum, keine Ausdehnung, du bist eins mit dem endlosen Ozean des Bewusstseins.

Keine Behauptungen

Frage: Amma, behauptest du irgendetwas zu sein?

Amma: Was soll Amma sein?

Frage: Eine Inkarnation der Göttlichen Mutter oder ein vollkommen selbstverwirklichter Meister oder sonst etwas.

Amma: Erklärt der Präsident oder Premierminister eines Landes ständig und überall „Weißt du, wer ich bin? Ich bin der Präsident? Ich bin der Premierminister?" Nein. Er ist, was er ist. Schon die bloße Behauptung, ein Avatār (Gott, manifestiert in menschlicher Gestalt) oder selbstverwirklicht zu sein, zeugt von Ego. Behauptet jemand, eine Inkarnation, ein Selbstverwirklichter sein, dann ist das für sich schon der Beweis, dass er oder sie es nicht ist.

Vollkommene Meister behaupten so etwas nicht. Durch ihre Demut sind sie ein Vorbild für die Welt. Denke daran: Selbstverwirklichung macht dich nicht zu etwas Besonderem, sondern sie macht dich demütig.

Um zu behaupten etwas zu sein, musst du weder selbstverwirklicht sein, noch benötigst du dazu irgendeine besondere Fähigkeit. Das Einzige, was du dazu brauchst ist ein großes Ego, falscher Stolz. Genau das ist es, was ein vollkommener Meister nicht hat.

Gurus Bedeutung für den spirituellen Weg

Frage: Warum ist der Guru auf dem spirituellen Weg bedeutend, wichtig?

Amma: Gibt es irgendeinen Weg oder eine Arbeit, Aufgabe, die du ohne die Hilfe eines Lehrers oder Ratgebers erlernen kannst? Willst du Auto fahren, musst du von einem erfahrenen Fahrer darin eingewiesen werden. Einem Kind muss man zeigen, wie es seine Schuhe bindet. Wie kannst du Mathematik ohne einen Lehrer lernen? Selbst ein Taschendieb braucht einen Lehrer, der ihm die Kunst des Stehlens beibringt. Lehrer sind schon im gewöhnlichen Leben unentbehrlich. Ist es dann nicht noch viel wichtiger, auf dem spirituellen Weg, der so subtil ist, einen Lehrer zu haben?

Willst du an einen fernen Ort reisen, dann wirst du dir vielleicht eine Landkarte kaufen. Aber egal, wie sorgfältig du die Karte betrachtest, bei einer Reise in ein völlig fremdes Land, an einen unbekannten Ort, wirst du nichts über diesen Ort erfahren, bevor du nicht tatsächlich dort angekommen bist. Auch wird dir die Landkarte nicht viel über die Reise selbst sagen, über die Steigungen und Gefälle und die möglichen Gefahren auf dem Weg. Es ist deshalb besser, Anleitung von jemandem zu erhalten, der die Reise schon vollendet hat, jemand, der den Weg bereits gegangen ist.

Was weißt du über den spirituellen Weg? Es ist eine völlig unbekannte Welt und ein völlig unbekannter Weg. Vielleicht hast du darüber ein paar Informationen aus Büchern oder von anderen Menschen erhalten. Möchtest du den Weg wirklich gehen, dies selbst erfahren, dann ist die Führung durch einen *Satguru* (wahren Meister) absolut notwendig.

Ammas heilende Berührung

Eines Tages brachte ein Tour-Koordinator eine junge Frau zu Amma. Die Frau weinte bitterlich. „Sie möchte Amma eine sehr traurige Geschichte erzählen", sagte er mir. Mit tränenüberströmtem Gesicht erzählte die Frau Amma, dass ihr Vater einfach weg gegangen war, als sie fünf Jahre alt war. Als Mädchen fragte sie ihre Mutter oft nach seinem Verbleib, doch die Mutter sprach nie gut über Vater, da sie eine sehr schlechte Ehe führten Im Laufe der Jahre ließen die Neugier und das Interesse der jungen Frau an ihren Vater allmählich nach. Vor zwei Jahren, also 20 Jahre nach dem Verschwinden ihres Vaters, starb die Mutter der jungen Frau. Beim Auflösen des Haushalts ihrer Mutter war sie sehr überrascht, die Adresse ihres Vaters in einem alten Tagebuch zu finden. Bald hatte sie seine Telefonnummer herausgefunden. Sie war so aufgeregt, dass sie ihn sofort anrief. Die Freude von Vater und Tochter war grenzenlos. Nachdem sie lange miteinander telefoniert hatten, verabredeten sie ein Treffen. Er willigte ein zu ihr zu fahren und sie machten einen Termin aus. Aber das Schicksal war äußerst grausam und erbarmungslos. Auf dem Weg zu seiner Tochter kam der Vater bei einem Verkehrsunfall um Leben.

Das Herz der jungen Frau war gebrochen. Die Krankenhausleitung bestellte sie ein, ihren Vater zu identifizieren und man übergab ihr seinen Leichnam. Man stelle sich den unglaublich seelischen Schmerz dieser jungen Frau vor. Sie hatte es kaum noch erwarten können, ihren Vater, den sie 20 Jahre lang nicht gesehen hatte, zu treffen. Am Ende war alles, was sie von ihm zu sehen bekam, sein toter Körper! Zu allem Übel teilten die

Ärzte der jungen Frau auch noch mit, dass der Unfall geschah, weil ihr Vater während der Fahrt einen Herzinfarkt hatte. Möglicherweise aufgrund seiner Aufregung bei dem Gedanken, seine Tochter nach so vielen Jahren wieder zu sehen.

An diesem Morgen, als Amma die junge Frau empfing, wurde ich Zeuge von einem der schönsten und bewegendsten Darśhans, die ich je sah. Während die Frau ihr Herz ausschüttete, wischte sich Amma ihre eigenen Tränen weg, die ihr über das Gesicht strömten. Während sie die Frau zärtlich umarmte, hielt Amma ihren Kopf in ihrem Schoß, trocknete ihre Tränen, streichelte und küsste sie und sagte liebevoll zu ihr: „Meine Tochter, mein Kind, weine nicht!" Amma bewirkte, dass sich die Frau beruhigte und sich getröstet fühlte. Sie sprachen sonst nichts miteinander. Indem ich mich dieser Situation soweit wie möglich öffnete, lernte ich eine weitere wichtige Lektion über die Heilung eines verwundeten Herzens in Ammas Gegenwart. Die Frau war deutlich erkennbar verändert, als sie ging. Sie wirkte sehr erleichtert und gelöst. Beim Weggehen drehte sie sich zu mir um und sagte: „Jetzt, nachdem ich bei Amma war, fühle ich mich so leicht wie eine Blume."

Amma spricht sehr wenige Worte während solcher intensiven Momente. Besonders wenn es darum geht, das Leid und die Sorgen anderer zu teilen. Nur Stille, verbunden mit innigem Fühlen, kann wahre Anteilnahme am Schmerz des anderen widerspiegeln. In solchen Momenten spricht Amma durch ihre Augen, teilt so das Leid ihres Kindes und drückt ihre tiefe Liebe, Sorge, Anteilnahme und Fürsorge aus.

Wie Amma sagt: „Das Ego kann niemanden heilen. Hochphilosophische Ratschläge in gewählter Sprache würden die Menschen nur verwirren. Dagegen kann schon ein Blick oder eine Berührung durch eine Person ohne ein Ego, mühelos die Wolken des Leids und der Verzweiflung aus dem Mind vertreiben. Das ist es, was wahrhaftig heilt."

Der Schmerz des Todes

Frage: Amma, warum ist mit dem Tod so viel Angst und Schmerz verbunden?

Amma: Eine zu starke Anhaftung an den Körper und die Welt erzeugt den Schmerz und die Angst vor dem Tod. Fast jeder glaubt, dass er durch den Tod völlig ausgelöscht wird. Niemand will die Welt verlassen und vergessen werden. Haben wir solche Anhaftungen, kann der Loslösungsprozess von Körper und Welt schmerzhaft sein.

Frage: Wird der Tod schmerzfrei sein, wenn wir über diese Anhaftung hinauswachsen?

Amma: Überwindet jemand die Anhaftung an den Körper, wird der Tod nicht nur schmerzfrei, er wird zu einer glückseligen Erfahrung. Du kannst dann den Tod deines Körpers als Zeuge erleben. Eine losgelöste Haltung macht den Tod zu einem vollkommen anderen Erlebnis.

Der Großteil der Menschen stirbt schrecklich frustriert und enttäuscht. Von tiefer Trauer verzehrt, verbringen sie ihre letzten Tage ängstlich, leidend und äußerst verzweifelt. Warum? Weil sie nie gelernt haben, wie sie ihre bedeutungslosen Träume, Anhaftungen und ihr Verlangen loslassen und sich davon befreien können. Ihr hohes Alter, besonders die letzten Tage solcher Menschen, werden schlimmer sein als die Hölle. Darum ist Wissen so wichtig.

Frage: Wird man weise, wenn man älter wird?

Amma: Das ist die weit verbreitete Meinung. Alles gesehen und erlebt zu haben, während man durch die unterschiedlichen Phasen des Lebens geht, sollte eigentlich Weisheit mit sich bringen. Jedoch ist es nicht leicht, dieses Niveau an Weisheit zu erreichen, erst recht nicht in der heutigen Welt, wo die Menschen so selbstsüchtig geworden sind.

Frage: Welche grundlegende Qualität muss man entwickeln, um eine solche Weisheit zu erlangen?

Amma: Ein kontemplatives und meditatives Leben führen. Dies befähigt uns, tiefer in die verschiedenen Erfahrungen des Lebens einzutauchen.

Frage: Amma, die Mehrheit der Menschen ist weder kontemplativ noch meditativ veranlagt - ist das wirklich umsetzbar für sie?

Amma: Es hängt davon ab, wie wichtig es demjenigen ist. Denke daran, dass es einmal eine Zeit gab, in der Kontemplieren und Meditieren ein wesentlicher Bestandteil des Alltags war. Deshalb konnte damals so viel erreicht werden, obgleich Wissenschaft und Technologie nicht so weit entwickelt waren, wie sie es heute sind. Das was damals entdeckt wurde, dient auch heute noch als Grundlage für das.

In der heutigen Welt wird das Wichtigste oft nicht akzeptiert, sondern für „unzeitgemäß" erklärt. Dies ist eines der Charakteristika von Kali Yuga, dem Zeitalter der materialistischen Dunkelheit. Es ist einfach, einen Schlafenden zu wecken, aber es ist schwer, jemanden aufzuwecken, der nur vorgibt zu schlafen. Macht es Sinn, einem Blinden einen Spiegel vorzuhalten? In diesem Zeitalter verschließen die Menschen am liebsten ihre Augen vor der Wahrheit.

Frage: Amma, was ist wahre Weisheit?

Amma: Das, was dabei hilft, das Leben einfach und schön zu gestalten, ist wahre Weisheit. Es ist das richtige Verständnis, das man durch richtiges Unterscheidungsvermögen erhält. Hat jemand diese Qualität wirklich verinnerlicht, wird sich das in seinen Gedanken, Worten und Handlungen widerspiegeln.

Die Menschheit in der Gegenwart

Frage: In welchem spirituellen Stadium befindet sich die Menschheit zurzeit?

Amma: Allgemein gesprochen findet auf der ganzen Welt ein enormes spirituelles Erwachen statt. Die Menschen werden sich zweifellos der Notwendigkeit einer spirituellen Lebensführung immer bewusster. Obwohl sie nicht direkt mit Spiritualität in Verbindung gebracht werden, erfreuen sich New-Age-Philosophie, Yōga und Meditation in westlichen Ländern größerer Beliebtheit als jemals zuvor. Yōga und Meditation wurde in vielen Ländern zur Mode, besonders in höheren Gesellschaftsschichten. Der Grundgedanke, in Harmonie mit der Natur und spirituellen Prinzipien zu leben, wird sogar von Atheisten vertreten. Ein innerer Durst und ein Gefühl dringend etwas zu verändern, machen sich überall bemerkbar. Dies ist zweifellos ein gutes Zeichen.

Auf der anderen Seite nimmt jedoch auch der Einfluss von Materialismus und weltlichen Vergnügungen unkontrollierbar zu. Setzt sich dies fort, entstehen ein erhebliches Ungleichgewicht. Wenn es um materielle Vergnügungen geht, nutzen die Menschen sehr wenig Unterscheidungsvermögen und ihr Verhalten ist oft unklug und zerstörerisch.

Frage: Ist an diesem Zeitalter irgendetwas neu oder besonders?

Amma: Jeder einzelne Moment ist im Grunde besonders. Dennoch ist dieses Zeitalter besonders, weil wir fast einen weiteren Höhepunkt der menschlichen Existenz erreicht haben.

Frage: Wirklich? Was ist das für ein Höhepunkt?

Amma: Der des Egos von Dunkelheit und Selbstsucht.

Frage: Amma, könntest du das bitte etwas genauer erklären?

Amma: Laut den Ṛishis (alten Weisen) gibt es vier Zeitalter: Satya Yuga, Treta Yuga, Dwārpara Yuga und Kali Yuga. Gegenwärtig befinden wir uns in Kali Yuga, dem dunklen Zeitalter des Materialismus. Zuerst kommt Satya Yuga, eine Zeit, in der nur Wahrheit und Wahrhaftigkeit existieren. Nachdem sie durch die anderen beiden, Treta und Dwārpara Yuga gereist ist, hat die Menschheit nun Kali Yuga erreicht. Dieses das letzte aus dem Zyklus, soll dann wieder in ein weiteres Satyayuga münden. Während wir jedoch in Treta und Dwarpa Yugas eintraten, lebten und wieder herauskamen, verloren wir auch viele wichtige Werte, wie Wahrheit, Mitgefühl, Liebe, usw. Wahrheit und Wahrhaftigkeit erlebten ihren Höhepunkt. Treta und Dwarpa Yugas waren die Mitte, als wir noch ein wenig Dharma (Rechtschaffenheit) und Satya (Wahrheit) bewahrten. Jetzt haben wir einen anderen Höhepunkt, den Höhepunkt von Adharma (Nicht-Rechtschaffenheit, Ungerechtigkeit) und Asatya (Unwahrheit), erreicht. Nur Demut kann der Menschheit dabei helfen, die Dunkelheit zu erkennen, die sie derzeit umgibt. Dies wird uns darauf vorbereiten, zum höchsten Zustand von Licht und Wahrhaftigkeit aufzusteigen. Lasst uns hoffen und beten, dass Menschen aller Glaubensrichtungen und aller Kulturen rund um die Welt dies lernen. Dies ist die dringende Notwendigkeit dieses Zeitalters.

Abkürzung zur Selbstverwirklichung

Frage: In der heutigen Welt suchen die Menschen immer nach Abkürzungen für alles, was man erreichen kann. Gibt es eine Abkürzung zur Selbstverwirklichung?

Amma: Das ist als ob man fragt: „Gibt es eine Abkürzung zu mir selbst?" Selbstverwirklichung ist der Weg zu deinem eigenen Selbst. Daher ist sie so einfach, wie das Anknipsen eines Lichtschalters. Du solltest jedoch wissen, welchen Schalter du drücken musst und wie, denn dieser Schalter ist in dir verborgen. Im Außen kannst du ihn nicht finden; und genau hierfür brauchst du die Hilfe eines verwirklichten Meisters.

Die Türe ist immer offen. Du musst nur hindurch gehen.

Spirituelles Wachstum

Frage: Amma, ich meditiere jetzt schon seit vielen Jahren. Aber ich habe nicht das Gefühl, Fortschritte zu machen. Mache ich etwas falsch? Denkst du, dass ich die richtigen spirituellen Übungen mache?

Amma: Zu allererst möchte Amma wissen, warum du denkst, dass du keinen Fortschritt machst. Was ist dein Kriterium für spirituellen Fortschritt?

Frage: Ich hatte nie irgendwelche Visionen.

Amma: Welche Art von Visionen erwartest du?

Frage: Ich habe nie ein göttliches blaues Licht gesehen.

Amma: Woher hast du die Vorstellung, ein blaues Licht sehen zu müssen?

Frage: Einer meiner Freunde hat es mir gesagt. Ich habe es auch in Büchern gelesen.

Amma: Sohn, mache dir keine unnötigen Gedanken über dein Sādhanā (spirituelle Übungen) und dein spirituelles Wachstum. Genau das ist nämlich, was nicht stimmt. Deine Konzepte über Spiritualität an sich können zu Stolpersteinen auf deinem Weg werden. Du machst das richtige Sādhanā, aber deine Haltung stimmt nicht. Du wartest darauf, dass das göttliche blaue Licht vor dir erscheint. Das Seltsame dabei ist, dass du absolut keine Ahnung davon hast, was göttliches Licht ist und dennoch denkst, dass es blau sei. Wer weiß, vielleicht ist es schon erschienen, aber du hast auf ein ganz bestimmtes blaues Licht gewartet. Was wäre, wenn das Göttliche beschlossen hätte, als rotes oder grünes Licht zu erscheinen? Dann hättest du es womöglich verpasst.

Ein Sohn erzählte Amma einmal, dass er auf grünes Licht in seinen Meditationen wartete. Da hat Amma ihm gesagt, er sollte vorsichtig beim Fahren sein. Er fährt vielleicht sonst womöglich über eine rote Ampel, weil er annimmt, dass sie grün ist. Solche Vorstellungen bezüglich Spiritualität sind wirklich gefährlich.

Sohn, in allen Situationen Frieden zu erfahren, ist das Ziel aller spirituellen Übungen. Alles andere – sei es nun Licht, Klang oder Form – wird kommen und gehen. Selbst wenn du einige Visionen hast, sind diese nur vorübergehend. Das einzig dauerhafte Erlebnis ist vollkommener Frieden. Dieser Frieden und Ausgeglichenheit des Minds zu erfahren, sind die wahre Früchte des spirituellen Lebens.

Frage: Amma, ist es falsch, sich solche Erlebnisse zu wünschen?

Amma: Amma würde nicht sagen, dass es falsch ist. Dennoch solltest du dem nicht zu viel Bedeutung beimessen. Das kann dein spirituelles Wachstum in der Tat verlangsamen. Wenn es geschieht, lass es zu. Dies ist die richtige Einstellung.

Aufgrund von Übereifer und geringem Bewusstsein wird ein Suchender in den Anfangsstadien seines spirituellen Lebens einige falsche Vorstellungen von Spiritualität haben und Dinge falsch verstehen. Einige Menschen sind beispielsweise verrückt nach Visionen von Göttern und Göttinnen. Sich danach zu sehnen, verschiedene Farben zu sehen, ist ein weiteres Verlangen. Schöne Klänge üben auf viele Menschen eine Anziehung aus. Wie viele Menschen verschwenden ihr gesamtes Leben damit, Siddhis (yogischen Kräften) hinterher zu rennen! Es gibt auch

Menschen, die ganz gierig danach sind, sofort *Samādhi* (natürlicher Zustand des Selbst) und *Mōkṣha* (Befreiung) zu erlangen. Die Leute haben außerdem so viele Geschichten über das Erwachen der Kuṇḍalinī (spirituelle Energie, die im Beckenboden schlummert) gehört. Ein wahrer spirituell Suchender wird sich nie in solchen Gedanken verrennen. Das kann unseren spirituellen Fortschritt sehr wohl verlangsamen. Darum ist es so wichtig, von Anfang an ein klares Verständnis und eine gesunde, intelligente Herangehensweise an das eigene spirituelle Leben zu haben. Man sollte ohne Unterscheidungskraft nicht jedem zuhören, der behauptet, ein Meister zu sein. Bücher zu lesen, ohne diese gezielt auszuwählen, verwirrt noch mehr.

Der Mind der Selbstverwirklichten

Frage: Wie ist der Mind eines Selbstverwirklichten beschaffen?

Amma: Es ist ein Mind ohne Gedanken.

Frage: Da ist kein Mind?

Amma: Es ist da nur Ausdehnung.

Frage: Aber solche Menschen handeln doch auch in der Welt. Wie ist das ohne Mind möglich?

Amma: Sicher „benutzen" sie den Mind, um in der Welt zu handeln. Es gibt jedoch einen großen Unterschied zwischen dem gewöhnlichen menschlichen Mind, der mit den verschiedensten Gedanken angefüllt ist, und dem Mind eines Mahātmās. Mahātmās benutzen das Denken, während wir vom Denken benutzt werden. Sie sind nicht berechnend, sondern spontan. Spontaneität ist das Naturell ihres Herzens. Eine Person, die übermäßig mit dem eigenen Mind identifiziert ist, kann nicht spontan sein.

Frage: Die Mehrheit der Menschen auf der Welt ist mit ihrem Mind identifiziert. Willst du damit sagen, dass sie alle manipulierbar sind?

Amma: Nein, es gibt genügend Gelegenheiten, bei denen sich die Menschen mit dem Herzen und ihren positiven Gefühlen identifizieren. Sind die Menschen freundlich, mitfühlend und hilfsbereit anderen gegenüber, verweilen sie eher in ihrem Herzen als in ihrem Mind. Aber können sie sich immer so verhalten? Nein, vorwiegend sind die Menschen mit dem Mind identifiziert. Das hat Amma gemeint.

Frage: Wenn Menschen fähig sind, in vollkommenem Einklang mit den positiven Gefühlen des Herzens zu bleiben , warum geschieht es dann nicht öfter?

Amma: Weil in deinem jetzigen Zustand der Mind stärker ist. Um mit den positiven Gefühlen des Herzens in Kontakt zu bleiben, solltest du dich mehr mit der Stille deines spirituellen Herzens statt mit den Störungen deines lärmenden Minds verbinden.

Frage: Was hilft einer Person, spontan und offen zu sein?

Amma: Weniger Einfluss des Egos.

Frage: Was passiert, wenn das Ego weniger Einfluss hat?

Amma: Du wirst völlig überwältigt von einer aus dem tiefsten Inneren aufsteigenden intensiven Sehnsucht. Obwohl du die Voraussetzungen dafür geschaffen hast, bist du dann nicht mehr berechnend. Dieses Handeln, oder was auch immer es ist, wird unglaublich schön und erfüllend sein. Auch andere fühlen sich sehr von dem angezogen, was du zu dieser Zeit machst. Solche Momente sind eher ein Ausdruck deines Herzens. Dann bist du deinem wahren Wesen näher.

Solche Momente kommen aus der Unendlichkeit – jenseits von Mind und Intellekt. Du kommst plötzlich in Gleichklang mit der Unendlichkeit und dir eröffnet sich die Quelle universeller Energie.

Vollkommene Meister verweilen immer in diesem Zustand der Spontaneität und sie schaffen die gleiche Situation auch für andere.

Die Entfernung zwischen Amma und uns

Frage: Amma, wie weit sind wir von Dir entfernt?

Amma: Gar nicht und unendlich weit.

Frage: Gar nicht und unendlich weit?

Amma: Ja, es gibt absolut keine Distanz zwischen dir und Amma. Aber zugleich ist der Abstand auch unendlich.

Frage: Das klingt widersprüchlich.

Amma: Durch den begrenzten Mind erscheint es widersprüchlich. Das wird so bleiben, bis du den höchsten Zustand der Erkenntnis erreicht hast. Keine Erklärung, und mag sie noch so intelligent oder logisch klingen, wird diesen Widerspruch aufheben.

Frage: Ich verstehe, dass mein Mind begrenzt ist. Trotzdem verstehe ich nicht, warum es so paradox und zweideutig sein soll. Wie können wir gleichzeitig gar nicht und unendlich weit von dir entfernt sein?

Amma: Vor allem, Tochter, hast du die Begrenzungen deines Minds nicht begriffen. Die Kleinheit des Minds wirklich zu verstehen, heißt die Größe Gottes, des Göttlichen, wirklich zu verstehen. Der Mind ist eine große Last. Sobald du dies wirklich zu verstehen beginnst, wirst du erkennen, wie sinnlos es ist, diese riesige Last mitzuschleppen. Diese Erkenntnis hilft dir dabei, ihn fallen zu lassen.

Tochter, so lange du die in dir innewohnende Göttlichkeit nicht erkannt hast, bleibt die Distanz unendlich. In dem Moment jedoch, in dem die Verwirklichung zu dämmern beginnt, erkennst du, dass es nie eine Distanz gegeben hat.

Frage: Der Intellekt kann den ganzen Prozess nicht verstehen.

Amma: Tochter, das ist ein gutes Zeichen. Wenigstens siehst du ein, dass es für den Intellekt unmöglich ist, diesen so genannten „Prozess" zu verstehen.

Frage: Heißt das, dass es einen solchen Prozess gar nicht gibt?

Amma: Genau. Stell dir einen Mann vor, der blind geboren wurde. Weiß er irgendetwas über das Licht? Nein, der arme Mann kennt nur die Dunkelheit, eine vollkommen andere Welt verglichen mit der Welt der Sehenden.

Der Arzt sagt zu ihm: „Pass auf, deine Sehfähigkeit kann wiederhergestellt werden, lässt du dich operieren. Es bedarf einiger Korrekturen."

Entscheidet sich der Mann, wie vom Arzt geraten, für die Operation, verschwindet die Dunkelheit schnell und Licht erscheint, nicht wahr? Nun, woher kommt das Licht, von irgendwo außerhalb? Nein, der Sehende hat immer dort im Innern des Mannes gewartet. Korrigierst du deine innere Sichtweise durch spirituelle Praxis, erwacht im Inneren das Licht reinen Wissens, das bereits auf dich wartet.

Ammas Wege

Ammas Wege sind einzigartig. Die Lektionen kommen unerwartet und haben immer einen ganz speziellen Charakter.

Während des morgendlichen Darśhans brachte eine Retreat-Teilnehmerin eine Frau mit, die nicht für das Retreat angemeldet war. Ich bemerkte den Neuankömmling und informierte Amma. Aber Amma beachtete mich nicht und gab weiter Darśhan.

Ich dachte: „Nur? gut; Amma ist beschäftigt. Wie dem auch sein, ich werde trotzdem ein Auge auf den Eindringling haben." Deshalb wählte ich, obwohl mein eigentliches *Sēvā* (selbstloser Dienst) das Übersetzten der Fragen der Devotees war, als mein Neben-Sēvā das genaue Beobachten jeder Bewegung der nicht angemeldeten Frau. Sie heftete sich an den Fersen der Frau, die sie mitgebracht hatte. Deshalb folgte mein Blick den beiden überall.. Gleichzeitig unterrichtete ich Amma über jeden ihrer Schritte. Obwohl Amma mir nicht zuhörte, hielt ich es dennoch für meine Pflicht dies zu tun.

Sobald sich die beiden in die Prioritäten-Schlange eingereiht hatten, machte ich Amma sehr eifrig darauf aufmerksam. Amma aber gab weiter den Devotees Darśhan.

In der Zwischenzeit gesellten sich ein paar Devotees zu mir. Mit Fingerzeig auf den „Eindringling" sagte einer von ihnen: „Siehst du die Frau dort? Sie ist irgendwie komisch. Ich habe sie reden hören. Sie ist sehr negativ. Ich glaube nicht, dass es klug ist, sie in der Halle zu lassen."

Der andere Devotee sagte mit ernstem Ton: „Frag Amma, was wir mit ihr machen sollen – sie rausschmeißen?"

Mit viel Mühe gelang es mir schließlich, Ammas Aufmerksamkeit zu gewinnen. Schließlich blickte sie auf und fragte: „Wo ist sie?"

Wir drei waren überglücklich. Wir dachten – zumindest dachte ich, dass Amma schon bald die drei heiß ersehnten Worte, die wir unbedingt hören wollten, aussprechen würde: „Schmeißt sie raus."

Als wir Amma fragen hörten, „Wo ist sie?" zeigten wir alle drei auf die Stelle, an der die nicht registrierte Frau saß. Amma schaute sie an. Nun warteten wir gespannt auf das endgültige Urteil. Amma drehte sich zu uns um und sagte: „Holt sie." Wir fielen fast übereinander, um die Frau herbeizurufen.

Als die Frau dem Darśhan-Sessel nahekam, streckte Amma ihre Arme aus und sagte mit einem gütigen Lächeln auf ihrem Gesicht: „Komm, meine Tochter." Spontan fiel die Fremde in Ammas Arme. Wir wurden Zeugen, wie die Frau einen der allerschönsten Darśhans hatte. Amma zog sie sanft an ihre Schulter und streichelte zärtlich über ihren Rücken. Während sie das Gesicht der Frau in ihren Händen hielt, schaute ihr Amma tief in die Augen. Tränen liefen über die Wangen der Frau, und Amma wischte diese mit ihren Händen liebevoll und mitfühlend weg.

Unfähig, unsere Tränen zurückzuhalten, standen meine zwei „Mitarbeiter" und ich hinter dem Darśhan-Stuhl und waren vollkommen besänftigt.

Sobald die Frau gegangen war, schaute Amma zu mir und sagte mit einem Lächeln: „ „Du hast heute Morgen so viel von deiner Energie verschwendet."

Ehrfurchtsvoll schaute ich auf Ammas kleine Gestalt, die ihre Kinder immer weiter mit Freude und Segen überschüttete. Obwohl ich sprachlos war, erinnerte ich mich plötzlich an eine schöne Bemerkung, die Amma einmal gemacht hat: „Amma ist wie ein Fluss. Sie fließt einfach. Manche Leute baden in dem Fluss. Andere stillen mit seinem Wasser ihren Durst. Einige Menschen kommen, um zu schwimmen und sich zu erfrischen. Und dann gibt es noch Menschen, die in den Fluss spucken. Was auch immer geschieht – der Fluss akzeptiert alles, fließt unbeeinflusst weiter und umarmt alle, die zu ihm kommen."

So hatte ich eine weitere wundervolle Erfahrung in der Gegenwart von Amma, dem höchsten Meister.

Keine neue Wahrheit

Frage: Amma, glaubst du, dass die Menschheit eine neue Wahrheit braucht, um zu erwachen?

Amma: Die Menschheit braucht keine neue Wahrheit. Die bereits existierende Wahrheit zu erkennen ist das, was wir brauchen. Es gibt nur eine Wahrheit. Diese Wahrheit strahlt immer in jedem von uns. Diese eine und einzige Wahrheit kann weder neu noch alt sein. Sie ist immer ein und dieselbe, unveränderlich, ewig neu. Nach einer neuen Wahrheit zu fragen ist so, als ob ein Vorschulkind die Lehrerin fragen würde: „Frau Lehrerin, sie behaupten schon so lange, dass zwei plus zwei vier ist. Das ist jetzt schon so alt. Warum sagen sie nicht mal was Neues, vielleicht dass es fünf macht, und nicht immer nur vier?" Die Wahrheit kann nicht verändert werden. Sie war schon immer vorhanden und sie war schon immer dieselbe.

Dieses neue Jahrtausend wird Zeuge eines großen spirituellen Erwachens werden, sowohl im Osten als auch im Westen. Genau das ist es, was dieses Zeitalter braucht. Die vielen wissenschaftlichen Erkenntnisse, die die Menschheit errungen hat, müssen uns zu Gott führen.

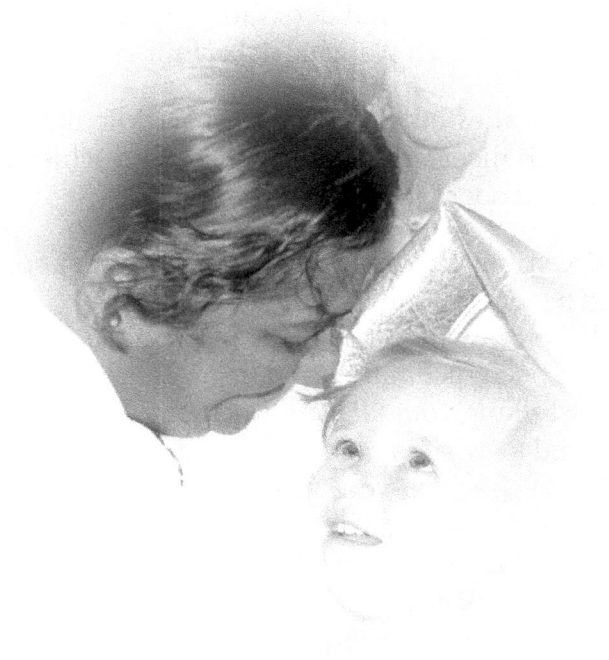

Wahrheit

Frage: Amma, was ist Wahrheit?

Amma: Wahrheit ist das, was ewig und unveränderlich ist.

Frage: Ist Wahrhaftigkeit (Ehrlichkeit) Wahrheit?

Amma: Wahrhaftigkeit ist nur eine Eigenschaft und nicht die Wahrheit im Sinne der höchsten Wirklichkeit.

Frage: Ist diese Eigenschaft nicht auch ein Teil der Wahrheit, der höchsten Wirklichkeit?

Amma: Ja, so wie alles Teil der Wahrheit, der höchster Wirklichkeit ist, so ist auch Wahrhaftigkeit ein Teil davon.

Frage: Wenn alles ein Teil höchsten Wirklichkeit ist, dann gehören doch nicht nur gute, sondern auch schlechte Eigenschaften dazu oder?

Amma: Das stimmt, Tochter, du bist jedoch immer noch auf der Erde und hast diese Höhen nicht erreicht.

Stell dir vor, du fliegst zum ersten Mal mit einem Flugzeug. Solange du noch nicht an Bord des Flugzeuges warst, hast du keine Vorstellung vom Fliegen. Noch auf der Erde siehst du um dich und Menschen; sie reden, rufen und winken. Da sind Gebäude,das Geschrei von weinenden Kindern Bäume und Fahrzeuge, die von hier nach da fahren,und so weiter. Nach einer Weile gehst du an Bord. Dann hebt das Flugzeug ab und steigt langsam höher und höher. Schaust du jetzt nach unten, siehst du, wie sich alles verkleinert und allmählich zu einer Einheit verschmilzt. Schließlich verschwindet alles und du bist von endloser Weite umgeben.

Kind, ebenso befindest auch du dich noch auf der Erde und hast das Flugzeug noch nicht betreten. Du musst dir gute Verhaltensweisen aneignen, sie verinnerlichen und pflegen und die schlechten Verhaltensweisen ablegen. Hast du einmal die Höhen der Verwirklichung erreicht, erlebst du alles als Eins.

Ein Ratschlag in einem Satz

Frage: Amma, kannst du mir in einem Satz einen Ratschlag geben, wie ich zu innerem Frieden komme?

Amma: Dauerhaft oder vorübergehend?

Frage: Dauerhaft natürlich.

Amma: Dann finde dein Selbst (Atman).

Frage: Das ist zu schwer zu begreifen.

Amma: Okay, dann liebe alle.

Frage: Sind das zwei verschiedene Antworten?

Amma: Nein, nur die Worte sind verschieden. Das eigene Selbst zu finden und jeden gleich zu lieben ist eigentlich das Gleiche; sie bedingen einander. (lachend) Sohn, das ist schon mehr als ein Satz.

Frage: Entschuldigung, Amma, ich bin dumm.

Amma: Das macht nichts; keine Sorge. Aber willst du weiter machen?

Frage: Ja, Amma. Entwickeln sich Frieden, Liebe und wahres Glück gleichzeitig mit unserem Sādhanā (spirituellen Übungen)? Oder sind sie nur das Endresultat?

Amma: Beides. Doch nur wenn wir unser inneres Selbst wiederentdecken, wird sich der Kreis schließen und vollkommener Frieden einkehren.

Frage: Was meinst Du mit dem „Kreis"?

Amma: Der Kreis unseres inneren und äußeren Daseins, der Zustand der Vollkommenheit.

Frage: Aber in den Schriften steht, dass ein Kreis bereits vollkommen ist. Ist es bereits ein Kreis, welchen Sinn macht es dann, ihn zu vervollständigen?

Amma: Sicherlich ist es ein vollkommener Kreis. Aber die meisten Menschen erkennen das nicht. Für sie existiert da eine Lücke, die geschlossen werden muss. In dem Versuch, diese Lücke zu füllen, rennt der Mensch umher, getrieben von den verschiedensten Bedürfnissen, Sehnsüchten und Wünschen.

Frage: Amma, ich habe gehört, dass es in dem Zustand der höchsten Verwirklichung so etwas wie eine innere oder eine äußere Existenz nicht gibt.

Amma: Ja, aber das erfahren nur diejenigen, die in diesem Zustand verankert sind.

Frage: Ist es hilfreich, wenn man diesen Zustand intellektuell begreift?

Amma: Hilfreich wofür?

Frage: Hilfreich dafür, einen kleinen Eindruck davon zu bekommen.

Amma: Nein, ein intellektuelles Begreifen wird nur den Intellekt befriedigen. Selbst das ist nur vorübergehend. Vielleicht denkst du, dass du es verstanden hast, Zweifel und Fragen werden jedoch bald zurückkehren. Dein Verständnis beruht nur auf begrenzten Worten und Erklärungen; und diese können dir nicht die Erfahrung des Unbegrenzten schenken.

Frage: Was ist dann die beste Möglichkeit?

Amma: Arbeite hart, bis Hingabe von selbst erblüht.

Frage: Was meinst du mit „arbeite hart"?

Amma: Amma meint damit, dass du geduldig Tapas (Entsagung) praktizieren sollst. Nur wenn du Tapas ausübst, wirst du fähig sein, im Jetzt zu bleiben.

Frage: Heißt Tapas, fortwährend dazusitzen und viele Stunden lang zu meditieren?

Amma: Das ist nur ein Teil davon. Jede Handlung und jeden Gedanken so auszuführen, dass sie uns dabei helfen, mit Gott oder dem Selbst zu verschmelzen, ist wirkliches Tapas.

Frage: Was bedeutet das jetzt ganz genau?

Amma: Es bedeutet, dein Leben dem Ziel der Verwirklichung Gottes zu weihen.

Frage: Ich bin ein wenig verwirrt.

Amma: (lächelnd) Nicht nur ein wenig – du bist sehr verwirrt.

Frage: Du hast Recht. Aber warum?

Amma: Weil du zu viel über Spiritualität und den Zustand jenseits des Minds nachdenkst. Höre auf zu denken und nutze die so gewonnene Energie dafür zu tun, was du kannst. Das wird dir die Erfahrung jener Wirklichkeit schenken – oder zumindest eine kleine Kostprobe davon.

Der Zeitplan und seine Notwendigkeit

Frage: Amma, du sagst, dass man eine tägliche Routine, einen Zeitplan, braucht und sich so genau wie möglich daran halten muss. Amma, ich bin aber Mutter eines kleinen Babys. Was, wenn mein Kind schreit, will ich gerade meditieren?

Amma: Ganz einfach. Kümmere dich zuerst um das Baby und meditiere anschließend. Entschließt du dich zu meditieren, ohne deine Aufmerksamkeit auf das Kind zu richten, wirst du nur über das Baby meditieren und nicht über das Selbst oder Gott.

Einem Zeitplan zu folgen ist in den Anfangsstadien mit Sicherheit von Vorteil. Außerdem sollte sich ein wahrer *Sādhak* Tag und Nacht unter Kontrolle haben.

Manche Leute haben die Angewohnheit, gleich nach dem Aufstehen Kaffee zu trinken. Bekommen sie ihn einmal nicht rechtzeitig, fühlen sie sich richtig unwohl. Das kann sogar Bauchschmerzen, Verstopfung oder Kopfweh verursachen und ihnen den ganzen Tag verderben. Ganz ähnlich sollten Meditieren, Beten und das Wiederholen des Mantras ein wesentlicher Teil des Lebens von einem *Sādhak* sein. Versäumst du das einmal, solltest du das deutlich spüren. Das starke Bedürfnis es nie zu versäumen, sollte daraus entstehen.

Eigene Bemühung

Frage: Amma, manche Menschen behaupten, dass wir keine spirituellen Übungen brauchen, weil unsere wahre Natur der Ātman ist. Sie sagen: „Ich bin Das, das allerhöchste Bewusstsein, warum soll ich dann Sādhanā praktizieren, wenn ich doch schon Das bin?" Findest Du, dass solche Menschen glaubwürdig sind?

Amma: Ob diese Menschen glaubwürdig oder unglaubwürdig sind, will Amma nicht beurteilen. Amma hat jedoch das Gefühl, dass solche Leute entweder nur vorgeben so zu sein, oder sie sind völlig verblendet oder faul. Amma fragt sich, ob diese Leute auch sagen: „Ich brauche nichts zu essen oder trinken, weil ich nicht der Körper bin"?

Angenommen, sie gehen Essen. Es sind etliche Teller kunstvoll auf dem Tisch arrangiert, aber da wo eigentlich ein schmackhaftes Essen sein sollte, liegt jeweils nur ein Zettel. Darauf steht dann „Reis", „gedämpftes Gemüse", „süßer Pudding" und so weiter. Stellen sich diese Leute dann vor, dass sie nach Herzenslust gegessen haben und ihr Hunger vollkommen gestillt ist?

Der Baum liegt im Samen verborgen. Denkt ein Samen jedoch selbstsüchtig: „Ich will mich nicht beugen und in die Erde kommen. Ich bin der Baum. Ich habe es nicht nötig, mich in diesen schmutzigen Erdboden zu begeben.", wird er einfach nicht keimen. Der Same wird nicht austreiben und er wird niemals zum Baum, der anderen Schatten spendet und Früchte schenkt. Nur weil der Samen glaubt, ein Baum zu sein, wird nichts geschehen. Er wird weiterhin ein Samen bleiben. Also: Sei ein Same, aber sei bereit, auf die Erde zu fallen und dich in den Erdboden hinein zu begeben. Dann sorgt die Erde für den Samen.

Gnade

Frage: Amma, ist es letztendlich Gnade, die alles entscheidet?

Amma: Gnade bewirkt das richtige Ergebnis zur richtigen Zeit im richtigen Verhältnis zu deinen Handlungen

Frage: Gibt man sich seiner Arbeit vollständig hin, ist dann das Resultat dennoch davon abhängig, wie viel Gnade einen erreicht?

Amma: Das Wichtigste ist die Hingabe. Je mehr du dich hingibst, umso offener bleibst du. Je offener deine Haltung ist, umso mehr Liebe empfängst du. Je mehr Liebe du hast, umso mehr Gnade erreicht dich.

Gnade ist Offenheit. Sie ist die spirituelle Kraft und ein intuitives Erfassen, dass du erlebst, während du handelst. Bleibst du für eine bestimmte Situation offen, lässt du zugleich dein Ego und deine engstirnigen Ansichten los. Dies verwandelt deinen Mind in einen besseren Kanal für den Fluss von Śhakti. Dieses Fließen von Śhakti und ihr Ausdruck in deinen Handlungen ist Gnade.

Ist jemand ein großartiger Sänger, sollte er auf der Bühne auch zulassen, dass die Musik-Śhakti durch ihn fließt. Dies bringt zugleich Gnade mit sich und hilft ihm dabei, die Zuhörer mitzureißen.

Frage: Wo liegt die Quelle der Gnade?

Amma: Die wahre Quelle der Gnade liegt im Inneren. Solange du dies jedoch nicht erkennst, wird es so scheinen, als ob sie sich irgendwo jenseits befindet.

Frage: Jenseits?

Amma: Das Jenseits bezeichnet den Ursprung, von dem du in deinem jetzigen Bewusstseinszustand nichts weißt. Singt ein Sänger aus dem Herzen, ist er in Verbindung mit dem Göttlichen. Woher kommt diese Musik, welche die Seele so ergreift? Aus der Kehle oder dem Herzen, wirst du dich vielleicht fragen. Aber wirst du sie finden, wenn du hineinschaust? Nein, also liegt ihr Ursprung jenseits davon. Die eigentliche Quelle ist das Göttliche. Sobald die endgültige Verwirklichung geschieht, wirst du diese Quelle im Inneren finden.

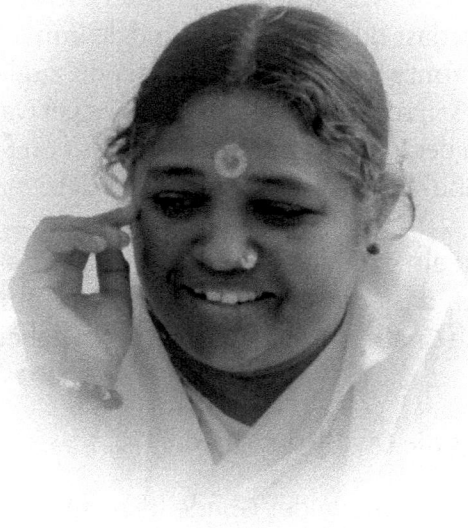

Sannyās: Nicht von dieser Welt

Frage: Was heißt es, ein richtiger Sannyāsin zu sein.

Amma: Ein wahrer Sannyāsin unterliegt keinen Begrenzungen des Minds mehr. In unserem jetzigen Zustand sind wir vom Mind hypnotisiert. Im Zustand von Sannyās werden wir völlig aus dem Griff dieser Hypnose befreit. Wir werden wie aus einem Traum erwachen – gleich einem Betrunkenen, der wieder nüchtern wird.

Frage: Bedeutet Sannyās auch Verwirklichung Gottes?

Amma: Amma möchte es lieber so sagen: Sannyās ist ein Zustand, in dem man die gesamte Schöpfung als Gott zu sehen und zu verehren vermag.

Frage: Ist Demut das Merkmal eines wahren Sannyāsins?

Amma: Wahre Sannyāsins können nicht kategorisiert werden. Sie sind jenseits davon. Sagt man, dass diese oder jene Person sehr einfach und demütig ist, dann gibt es immer noch „Jemanden" der einfach und demütig ist. Im Zustand von Sannyās verschwindet dieser „Jemand", - genau gesagt das Ego. Normalerweise versteht man unter Demut das Gegenteil von Arroganz. Unter Liebe das Gegenteil von Hass. Ein wahrer Sannyāsin hingegen ist weder demütig noch arrogant – genauso kennt er weder Liebe noch Hass. Ein Mensch, der Sannyās erreicht hat, ist jenseits von allem. Für ihn oder sie gibt es nichts mehr zu gewinnen oder zu verlieren. Bezeichnen wir einen wahren Sannyāsin als „demütig", dann heißt das nicht nur, dass keine Arroganz, sondern auch kein Ego mehr vorhanden ist.

Ein Mahātmā wurde einmal gefragt: „Wer bist du?"
„Ich bin nicht." antwortete er.
„Bist du Gott?"
„Nein, bin ich nicht."
„Bist du ein Heiliger oder ein Weiser?"
„Nein, bin ich nicht."
„Bist du Atheist?"
„Nein, bin ich nicht."
„Wer bist du dann?"
„Ich bin, was ich bin. Ich bin reines Bewusstsein."
Sannyās ist der Zustand reinen Bewusstseins.

Göttliches Spiel hoch über den Wolken

Erste Szene: Das Flugzeug von Air India nach Dubai hat gerade abgehoben. Das Flugpersonal bereitet gerade die erste Getränkeausgabe vor. Plötzlich stehen die Passagiere einer nach dem anderen auf und wandern, gleich einer Prozession in Richtung Business Class. Die Crew, die völlig verblüfft ist und nicht versteht, was hier vor sich geht, fordert alle Passagiere auf, wieder ihre Plätze einzunehmen. Als das erfolglos bleibt, flehen sie schließlich die Passagiere an, wenigstens solange zu warten, bis das Essen serviert wurde.

„Wir wollen Ammas Darśhan!" antworteten sie.

„Wir haben dafür vollstes Verständnis", erwidert die Crew, „aber bitte haben sie noch ein wenig Geduld, bis wir mit der Essensausgabe fertig sind."

Endlich folgen die Passagiere der Aufforderung des Flugpersonals und nahmen ihre Plätze wieder ein.

Zweite Szene: Die Essensausgabe ist beendet. Die Flugbegleiter sind zeitweise Darśhan-Ordner und koordinieren die Schlange, die sich schleppend in Richtung Ammas Sitz bewegt. Da nicht viel Zeit war, konnten keine Darśhan-Tickets organisiert werden. Trotzdem leistet das Flugpersonal ganze Arbeit.

Dritte Szene: Die Passagiere haben nun Amma's Darśhan erhalten und wirken sehr zufrieden und entspannt. Sie kehren auf ihre Plätze zurück. Jetzt stellt sich auch noch die gesamte Crew an, inklusive Pilot und Copilot. Natürlich haben auch sie darauf gewartet, dass sie an die Reihe kommen. Jeder einzelne bekommt eine mütterliche Umarmung. Darüber hinaus werden sie von Ammas zarten Worten der Liebe gesegnet und bekommen dazu noch ein unvergesslich strahlendes Lächeln und ein Bonbon-Prasād (gesegnetes Gabe).

Vierte Szene: Das Gleiche spielt sich auf dem Rückflug ab.

Sympathie und Mitgefühl

Frage: Amma, was ist wahres Mitgefühl?

Amma: Wahres Mitgefühl ist die Fähigkeit, hinter die Dinge zu sehen. Nur diejenigen, welche die Wirklichkeit hinter allem sehen, können wirklich helfen und andere erheben.

Frage: Hinter allem was meinst Du damit?

Amma: Hinter/Jenseits von Körper und Mind, jenseits der äußeren Erscheinung.

Frage: Amma, was ist eigentlich der Unterschied zwischen Sympathie und Mitgefühl?

Amma: Mitgefühl ist eine echte Hilfe, die du von einem wahren Meister erhältst. Der Meister sieht die wahren Zusammenhänge hinter den Dingen. Sympathie hingegen ist nur eine vorübergehende Hilfe, die du von Menschen um dich herumbekommst. Und Sympathie bleibt an der Oberfläche und kann das Darunterliegende nicht erreichen. Mitzufühlen bedeutet, die Person, die Situation, in der sie sich befindet und ihr wahres Bedürfnis genau zu verstehen.

Frage: Wie kann man die beiden voneinander unterscheiden?

Amma: Das ist schwer. Dennoch wird dir Amma ein Beispiel dazu geben. Es ist nicht ungewöhnlich, fordert ein Chirurg seine Patienten sogar schon am zweiten oder dritten Tag auf, das Bett zu verlassen und erste Schritte zu wagen, selbst nach einer größeren Operation. Weigert sich der Patient, zwingt ein guter Arzt, der die Konsequenzen kennt, den Patienten auf jeden Fall aufzustehen und zu laufen. Sehen die Angehörigen den Schmerz und die Anstrengung des Patienten, sagen sie womöglich: „Was für ein grausamer Arzt! Warum zwingt er ihn zu laufen, wenn er selbst es gar nicht will? Das geht zu weit."

In diesem Beispiel zeigen die Verwandten Sympathie und der Doktor Mitgefühl. Wer hilft in diesem Fall dem Patienten wirklich? Der Arzt oder die Verwandten? Der Patient denkt vielleicht: „Dieser Doktor ist unfähig. Was gibt ihm das Recht, mir Anweisungen zu erteilen? Was weiß er schon von mir? Also lass ihn nur reden; ich werde nicht auf ihn hören." So eine Haltung wird dem Patienten jedoch niemals helfen.

Frage: Kann Sympathie einer Person schaden?

Amma: Sind wir nicht vorsichtig und zeigen unser Mitleid ohne genaues Verständnis einer bestimmten Situation und der mentalen Verfassung eines Menschen, kann das schädlich sein.

Es ist gefährlich, räumen doch diese Menschen mitfühlenden Worten zu viel Bedeutung ein. Es kann sogar zu einem Zwang werden, das eigene Unterscheidungsvermögen zu ruinieren, indem man eine kleine, kokonartige Welt um sich bildet. Man findet darin vielleicht sogar einen gewissen Trost, wird dann aber womöglich nie etwas unternehmen, um aus der eigenen Situation herauszukommen. Ohne es zu bemerken, gleiten diese Menschen mehr und mehr in die Dunkelheit hinein.

Frage: Amma, was meinst du mit „kokonartiger Welt"?

Amma: Amma meint damit, dass du deine Fähigkeit verlierst, tiefer in dich hinein zu schauen um zu verstehen, was wirklich los ist. Du läufst Gefahr, zu viel Wert auf die Worte anderer zu legen und ihnen blind zu vertrauen, wenn du dein Unterscheidungsvermögen nicht richtig nutzt.

Sympathie ist oberflächliche Liebe, ohne die grundlegende Ursache des Problems zu kennen. Mitgefühl hingegen ist die Liebe, die die eigentliche Ursache des Problems erkennt und angemessen darauf eingeht.

Wahre Liebe heißt vollkommene ohne Angst

Frage: Amma, was ist wahre Liebe?

Amma: Wahre Liebe ist der Zustand vollkommen frei von Angst zu sein. Angst ist die grundlegende Eigenschaft des Minds. Folglich können Angst und echte Liebe nicht gleichzeitig existieren. So wie die Liebe wächst, nimmt die Angst ab.

Angst kann nur bestehen, wenn du mit Körper und Mind identifiziert bist. Die Schwächen des Minds zu überwinden und in Liebe zu leben ist Göttlichkeit. Je mehr Liebe du hast, umso mehr Göttlichkeit kommt durch dich zum Ausdruck. Je weniger Liebe du hast, umso angstvoller bist du und desto mehr entfernst du dich vom Zentrum des Lebens. Angstfreiheit ist wirklich eine der herausragendsten Eigenschaften von jemandem, der liebt.

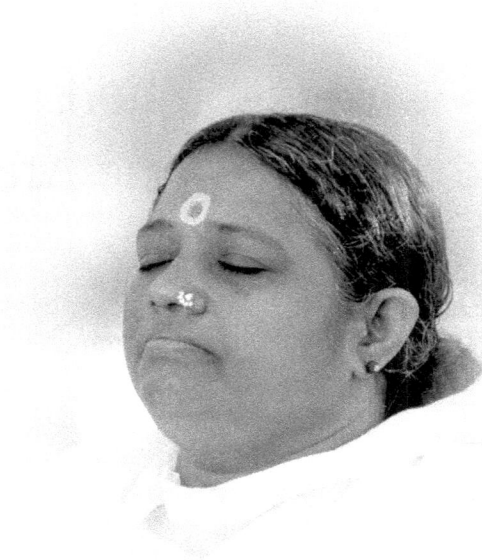

Gebote und Verbote

Frage: Amma, im spirituellen Leben wird sehr viel Wert auf das Entwickeln von Ehrlichkeit und anderen moralischen Werten gelegt. Es gibt aber auch New-Age Gurus, die behaupten, dass dies nicht notwendig sei. Amma, wie denkst du darüber?

Amma: Es ist wahr, dass moralische Werte eine wichtige Rolle im spirituellen Leben spielen. Zu jedem Pfad, sei er nun spirituell oder materiell, gehören gewisse Gebote und Verbote, die zu beachten sind. Folgt man diese Regeln nicht, kann man das erwünschte Ergebnis nur sehr schwer erreichen. Je höher das Ziel ist, umso anstrengender ist auch der Weg dorthin.

Spirituelle Verwirklichung ist die höchste Erfahrung von allen. Deshalb sind auch die Regeln und Richtlinien, welche sie erfordert, so streng.

Ein Patient kann nicht einfach das essen und trinken, wonach ihm gerade ist. Entsprechend seiner Krankheit, muss er seine spezielle Diät einhalten und sich weniger körperlich bewegen. Hält er sich nicht daran, kann das den Heilungsprozess beeinträchtigen. Befolgt der Patient die Anweisungen nicht, kann sein Zustand sich sogar verschlimmern. Ist es sinnvoll, wenn der Patient fragt: „Muss ich diese Regeln wirklich beachten?"

Manche Musiker üben 18 Stunden am Tag, um ihr Instrument perfekt zu beherrschen. Egal, was dein Interessengebiet ist, sei es Spiritualität, Wissenschaft, Politik, Sport oder Kunst – dein Erfolg und dein Aufstieg in dem jeweiligen Gebiet hängen einzig und allein davon ab, wie du es angehst, wie viel Zeit du ernsthaft aufwendest, um dein Ziel zu erreichen und inwieweit du dich an die jeweiligen grundlegenden Prinzipien hältst.

Frage: Ist demnach Reinheit die wichtigste Eigenschaft, die man braucht, um zum Ziel zu gelangen?

Amma: Es kann Reinheit sein. Es kann Liebe, Mitgefühl, Vergebung, Geduld oder Durchhaltevermögen sein. Wähle eine von diesen Eigenschaften und verfolge sie mit äußerstem Vertrauen und Optimismus; andere gute Eigenschaften werden folgen. Bei all dem geht es darum, über die Beschränkungen des Minds hinauszugehen.

Amma, ein Geschenk
an die Welt

Frage: Amma, was erwartest du von deinen Schülern?

Amma: Amma erwartet nichts von irgendjemandem. Amma hat sich der Welt geschenkt. Wie kannst du dann irgendetwas von irgendjemandem erwarten? Alle Erwartungen entstammen dem Ego.

Frage: Aber Amma, du sprichst so viel über die Hingabe an den Guru. Ist das denn keine Erwartung?

Amma: Richtig, Amma spricht davon nicht, weil sie von ihren Kindern Hingabe erwartet, sondern weil dies der Dreh und Angelpunkt im spirituellen Leben ist. Der Guru ist bereit, dem Schüler oder der Schülerin alles zu geben, was er hat. Ein Satguru ist vollkommen hingegeben. Dadurch ist seine bloße Gegenwart ein Geschenk und Lehre der Hingabe, die der Schüler erhält. Dies geschieht ganz von selbst. Je nach Reifegrad und Aufnahmefähigkeit des Schülers wird er es annehmen oder nicht. Doch , welche Haltung der Schüler hat, der Satguru wird immer nur geben. Er kann einfach nicht anders.

Frage: Was geschieht, wenn sich ein Schüler einem Satguru hingibt?

Amma: Wie eine Lampe, die an der Hauptlampe entzündet wurde, so wird auch der Schüler zu einem Licht, welches die Welt leitet. Der Schüler wird selbst zum Meister.

Frage: Was hilft dabei in diesem Prozess am meisten: die Form des Meisters oder sein formloser Aspekt?

Amma: Beides. Das formlose Bewusstsein inspiriert den Schüler durch die Form des Satguru als reine Liebe, Mitgefühl und Hingabe.

Frage: Gibt sich der Schüler der Form des Meisters oder dem formlosen Bewusstsein hin?

Amma: Es beginnt als Hingabe an die physische Form. Doch es endet in Hingabe an das formlose Bewusstsein und zwar dann, wenn der Schüler sein wahres Selbst erkennt. In den Anfangsstadien des Sādhanā, in denen sich der Schüler der Form des Meisters hingibt, gibt er sich in Wirklichkeit dem formlosen Bewusstsein hin. Er ist sich dessen nur nicht bewusst.

Frage: Warum?

Amma: Weil die Schüler nur den Körper kennen; Bewusstsein ist ihm völlig fremd.

Ein wahrer Schüler wird immer die Form des Gurus verehren – als Ausdruck seiner Dankbarkeit dem Guru gegenüber, der ihn mit seiner Gnade überschüttet und ihm den Weg zeigt.

Die Form des Satguru

Frage: Kannst du auf einfache Weise die physische Form eines Satgurus erklären?

Amma: Ein Satguru besitzt eine und besitzt zugleich auch keine Form, so wie Schokolade. Sobald du sie in deinen Mund steckst, schmilzt sie und ihre Form löst sich auf; sie wird ein Teil von dir. Genauso wirst du auch erkennen, dass der Meister das formlose, allerhöchste Bewusstsein ist, wenn du die Lehren des Meisters wirklich umsetzt und sie zu einem Teil deines Lebens werden..

Frage: Wir sollen also Amma aufessen?

Amma: Ja, iss Amma, wenn du kannst. Sie ist liebend gerne bereit, zur Nahrung für deine Seele zu werden.

Frage: Amma, danke für das Beispiel mit der Schokolade. Das hat es sehr leicht verständlich gemacht, ich liebe nämlich Schokolade.

Amma: (lachend) Aber verliebe dich nicht in sie, das wird deiner Gesundheit schaden.

Der perfekte Schüler

Frage: Was hat man davon, ein perfekter Schüler zu werden?

Amma: Man wird zu einem perfekten Meister.

Frage: Wie beschreibst du dich selbst?

Amma: Sicherlich nicht als etwas.

Frage: Sondern?

Amma: Als Nichts.

Frage: Bedeutet das „alles"?

Amma: Das heißt, dass Amma immer da ist und für jeden verfügbar ist.

Frage: Meinst du mit „jedem" all die, die zu dir kommen?

Amma: „Jedem" heißt alle, die offen sind.

Frage: Bedeutet das, dass Amma für diejenigen, die nicht offen sind, nicht verfügbar ist?

Amma: Ammas körperliche Gegenwart ist für jeden verfügbar, egal ob er Amma annimmt oder nicht. Die Erfahrung aber ist nur denjenigen zugänglich, die offen sind. Die Blume ist da, aber die Schönheit und der Duft erfahren nur jene, die offen sind. Ein Mensch mit einer verstopften Nase kann ihn nicht wahrnehmen. Genauso können geschlossene Herzen das, was Amma gibt, nicht erfahren.

Vēdānta und die Schöpfung

Frage: Amma, es gibt so viele unterschiedliche Theorien, wie die Welt erschaffen wurde. Diejenigen, die dem Weg der Hingabe folgen, sprechen von Gott als dem Schöpfer der Welt, während Vēdāntins (Non-Dualisten) behaupten, dass alles eine Projektion des Minds und daher nur so lange vorhanden ist, wie der Mind existiert. Welche dieser Sichtweisen stimmt?

Amma: Beide Sichtweisen treffen zu. Während ein Devotee im höchsten Gott den Schöpfer der Welt sieht, sieht der Vēdāntin Brahman als das Grundprinzip, das die sich wandelnde Welt aufrechterhält. Für den Vēdāntin ist die Welt eine Projektion des Minds; für die Devotees hingegen ist sie das Līlā (Spiel) seines oder ihres geliebten Herrn. Es scheint sich um zwei komplett verschiedene Ansätze zu handeln. Betrachtest du sie aber auf einer tieferen Ebene, stellst du fest, dass sie im Grunde identisch sind.

Name und Form gehören dem Mind. Ist der Mind nicht mehr vorhanden, verschwinden auch Name und Form. Die Welt, oder die Schöpfung besteht aus Namen und Formen. Ein Gott oder Schöpfer ist nur von Bedeutung, solange es die Schöpfung gibt. Selbst Gott hat einen Namen und eine Form. Damit die Welt aus Namen und Formen entstehen kann, braucht es eine entsprechende Ursache – und diese Ursache nennen wir Gott.

Wahres Vēdānta ist die höchste Form von Wissen. Amma spricht nicht von Vēdānta in der Form, wie es in religiösen Texten oder von so genannten Vēdāntins beschrieben wird. Amma spricht von Vēdānta als der höchsten Erfahrung, als Lebensweise, als Gleichmut des Minds in allen Situationen.

Das ist jedoch nicht leicht. Solange keine Transformation geschieht, wird dies nicht erfahren. Dieser revolutionäre Wechsel auf der intellektuellen und emotionalen Ebene ist genau das, was den Mind verfeinert, ihn erweitert und kraftvoll werden lässt. Je feiner und weiter der Mind wird, umso näher kommt er einem Zustand, in dem es keinen Mind mehr gibt. Er löst sich allmählich auf. Ist kein Mind da, wo ist dann Gott und wo ist die Welt oder die Schöpfung? Das heißt jedoch nicht, dass die Welt vor deinen Augen verschwinden wird, nein – eine Transformation wird geschehen und du wirst das Eine in den Vielen sehen.

Frage: Bedeutet das, dass in diesem Zustand auch Gott eine Illusion ist?

Amma: Ja, von der aller höchsten Ebene aus betrachtet ist Gott mit einer Form eine Illusion gleichzusetzen. Das kommt jedoch auf die Tiefe deiner inneren Erfahrung an. Dennoch ist die Haltung der sogenannten Vēdāntins falsch, die egoistisch glauben, dass selbst die Formen der Götter und Göttinnen unbedeutend sind. Denke daran: Das Ego wird auf diesem Weg nie helfen, sondern nur Demut.

Frage: Soweit habe ich es verstanden. Aber Amma, du hast auch erwähnt, dass Gott mit einer Form von der höchsten Ebene aus betrachtet eine Illusion ist. Willst du damit sagen, dass die verschiedenen Formen der Götter und Göttinnen nur Projektionen des Minds sind?

Amma: Letztendlich sind sie das. Alles Vergängliche ist unwirklich. Alle Formen, selbst die der Götter und Göttinnen, haben einen Anfang und ein Ende. Das, was geboren wird und stirbt, existiert auf der mentalen Ebene und hängt mit gedanklichen Prozessen zusammen;. und alles, was mit dem Mind zusammenhängt, verändert sich, weil er an die Zeit gebunden ist. Die einzige unveränderliche Wahrheit ist das, was ewig bestehen bleibt, das was dem Mind zugrunde liegt. Das ist der Ātman (Selbst), das höchste Bewusstsein.

Frage: Wenn selbst die Formen der Götter und Göttinnen unwirklich sind, warum baut man dann Tempel und verehrt sie darin?

Amma: Nein, du verstehst den Punkt nicht. Du kannst die Götter und Göttinnen nicht einfach so abschaffen. Für Menschen, die noch mit ihrem Mind identifiziert sind, die noch nicht den höchsten Zustand erreicht haben, sind diese Formen sehr wohl wirklich. Sie sind für ihr spirituelles Wachstum unerlässlich und einegroße Hilfe.

Die Regierung eines Landes besteht aus verschiedenen Abteilungen und Ministerien. Unter dem Präsidenten oder dem Premierminister stehen zahlreiche Minister, denen wiederum viele Beamte und verschiedene andere Abteilungen unterstehen - bis hinunter zu den Bediensteten und den Reinigungskräften.

Angenommen, du willst etwas erledigen. Du wirst damit direkt zum Präsidenten oder zum Premierminister gehen, vorausgesetzt du kennst die Personen oder hast Kontakt zu ihnen. Dies wird einiges leichter machen und dir viel Mühe ersparen. Man wird sich unverzüglich um dein Anliegen kümmern, egal worum es sich handelt. Nur hat die Mehrheit der Menschen diesen direkten Kontakt oder Einfluss nicht. Um ihre Angelegenheiten zu regeln oder um sich Zugang zu höheren Behörden zu verschaffen, müssen sie das übliche Procedere verfolgen;– einen der neuangestellten Beamten oder niedrigeren Abteilungen, manchmal sogar einen Bediensteten, aufsuchen. Übertragen heißt das, solange wir uns auf der physischen Ebene der Existenz befinden und uns mit dem Mind und seinen Gedankenmustern identifizieren, müssen wir die verschiedenen Formen der Göttlichkeit anerkennen und respektieren - bis wir irgendwann einmal eine direkte Verbindung mit der inneren Quelle reiner Energie aufbauen.

Frage: Vēdāntins stimmen dieser Sichtweise für gewöhnlich aber nicht zu.

Amma: Von welchen Vēdāntins sprichst du? Ein Buchwurm-Vēdāntin, der die Schriften wie ein dressierter Papagei oder ein Kassettenrekorder wiedergibt vielleicht nicht, ein wahrer Vēdāntin stimmt dieser jedoch ganz sicher zu. Ein Vēdāntin, der die Welt und den Weg der Liebe nicht akzeptiert, ist kein wahrer Vēdāntin. Die Welt zu akzeptieren und die Vielfalt zu respektieren, aber zugleich die eine Wahrheit in der Vielfalt zu sehen, ist wahres Vēdānta.

Ein Vēdāntin, der den Weg der Liebe als minderwertig betrachtet, ist weder ein Vēdāntin, noch ein wahrer spirituell

Suchender. Wahre Vēdāntins können ihre spirituellen Übungen nicht ohne Liebe ausführen.

Die Form wird dich zum Formlosen bringen – vorausgesetzt, dass du deine spirituellen Übungen mit der richtigen Haltung praktizierst. Sagu ṇa (Form) ist die Manifestation von Nirguṇa (dem Formlosen) Paramātman. Wie kann sich jemand als Vēdāntin nennen, wenn er selbst dieses einfache Prinzip nicht versteht?

Frage: Amma, du hast gesagt, dass ein Devotee die Welt als Gottes Līlā betrachtet. Was bedeutet Līlā?

Amma: Das ist in einem Wort die Definition für vollkommene Losgelöstheit. Der höchste Zustand von Sākṣhī (Zeugen-Bewusstsein), in dem man keinerlei Einfluss mehr ausübt, wird Līlā genannt. Wie können wir denken, dass wir durch irgendetwas gebunden sind oder irgendetwas beeinflussen können, wenn wir uns vom Mind und seinen verschiedenen Projektionen vollkommen zurückziehen? Alles, was Innen und Außen vor sich geht zu beobachten, ohne sich darin zu verwickeln, macht wirklich Spaß und ist ein wunderschönes Spiel.

Frage: Wir haben gehört, dass Amma mit der Manifestation von Kṛishṇa Bhāva[2] aufgehört hat, weil du dabei in diesem Līlā-Zustand warst.

Amma: Das war einer der Gründe. Kṛishṇa war losgelöst. Er beteiligte sich aktiv an allem, blieb dabei aber völlig unberührt. Er distanzierte sich innerlich von allem, was um ihn herum geschah. Das ist es, was das liebevolle Lächeln, das Kṛishṇas schönes Antlitz ständig erhellte, ausdrückt.

---

[2]   Früher hat Amma sowohl Kṛishṇa Bhāva , als auch Dēvī Bhāva manifestiert, hörte aber 1983 mit Kṛishṇa Bhāva auf.

Obwohl Amma den Problemen der Devotees zuhörte, hatte sie während Kṛiṣhṇa Bhāva eine verspieltere und losgelöstere Haltung ihnen gegenüber. In diesem Zustand gab es weder Liebe noch Lieblosigkeit, weder Mitgefühl noch kein Mitgefühl. Mütterliche Zuneigung und Verbundenheit, die notwendig sind , um auf die Gefühle der Devotees einzugehen und um tiefe Betroffenheit zu zeigen, kamen nicht hervor. Es war ein Zustand der Entrücktheit. Amma empfand, dass dies den Devotees nicht viel hilft. Daher beschloss sie, ihre Kinder wie eine Mutter zu lieben und ihnen zu dienen.

„Bist du glücklich?"

Frage: Amma, ich habe gehört, wie Du Leute, die zu dir zum Darśhan kommen fragst: „Glücklich?" Warum fragst du sie das?

Amma: Das ist wie eine Einladung glücklich zu sein. Bist du glücklich und offen, dann kann Gottes Liebe oder Śhakti in dich hineinfließen. Eigentlich sagt Amma demjenigen also, dass er glücklich sein soll, damit Gottes Śhakti in ihn fließen kann. Bist du glücklich, offen und empfänglich, wirst du immer mehr Freude erfahren. Bist du unglücklich und verschlossen, dann verlierst du alles. Jemand, der offen ist, ist glücklich. Dadurch ziehst du das Göttliche an. Ist Gott in dich eingekehrt, kannst du nur noch glücklich sein.

Ein großartiges Beispiel

Es nieselte an dem Tag, an dem wir in Santa Fe ankamen. „Das passiert immer in Santa Fe. Sobald Amma kommt, setzt nach einer langen Dürre immer der Regen ein", sagte Ammas Gastgeber im Amma Zentrum von New Mexiko.

Es war schon dunkel, als wir das Haus des Gastgebers erreichten. Amma ließ sich etwas Zeit, um aus dem Auto zu steigen. Sobald Amma aus dem Auto gestiegen war, bot der Gastgeber Amma ihre Sandalen an. Er ging dann zur Vorderseite des Autos und wartete darauf, Amma zum Haus zu führen.

Amma machte ein paar Schritte zur Vorderseite des Autos, drehte sich dann plötzlich um und sagte: „Nein, Amma möchte nicht vorne um das Auto herumgehen. Es ist das Gesicht des Autos. Es wäre respektlos, so zu handeln. Amma möchte das nicht tun." Nachdem sie das gesagt hatte, ging Amma hinten um das Auto und dann zum Haus. Das war nicht das einzige Mal, dass sich Amma so verhielt. Sie tut das immer, wenn sie aus einem Auto steigt.

Es gibt kein großartigeres Beispiel für Ammas allumfassende Liebe, die selbst unbelebten Gegenständen gilt.

Beziehungen

Während ein Mann Darśhan hatte, drehte er seinen Kopf zu mir und sagte: „Bitte frag Amma, ob ich aufhören kann, mich mit Frauen zu treffen und Liebesaffären einzugehen?"

Amma: (mit einem schelmischen Lächeln) Was ist geschehen, ist deine Freundin mit einem anderen abgehauen?

Mann (schaut ganz verwundert): Wie konntest du das wissen?

Amma: Ganz einfach – das ist eine der Situationen im Leben, in denen solche Gedanken auftauchen.

Mann: Amma, ich bin eifersüchtig, dass meine Freundin immer noch mit ihrem ehemaligen Freund befreundet ist.

Amma: Ist das der Grund, warum du damit aufhören willst, Frauen zu treffen und Beziehungen einzugehen?

Mann: Ich bin genervt und frustriert von solchen Erfahrungen. Genug ist genug. Jetzt will ich Frieden haben und mich auf meine spirituellen Praxis konzentrieren.

Amma stellte keine weiteren Fragen. Sie gab weiter Darśhan. Nach einer Weile fragte mich der Mann: „Ich würde gerne wissen, ob Amma mir einen Rat geben kann?" Amma hörte, wie er mit mir sprach.

Amma: Sohn, Amma dachte, dass du schon entschieden hast, was zu tun ist. Hast du nicht gesagt, dass du genug von solchen Dingen hast? Von jetzt an willst du ein friedvolles Leben führen und dich auf deine spirituellen Praxis konzentrieren, hast du das nicht gerade gesagt? Das klingt doch nach der richtigen Lösung. Also, dann fang damit an und tue es.

Eine Zeit lang blieb der Mann still, wirkte aber unruhig. Nach einer Weile warf ihm Amma einen Blick zu. Durch den Blick und das Lächeln konnte ich den großen Meister in Amma sehen, der den legendären Rührstock in den Händen schwingt und gerade dabei ist, etwas aufzuwühlen und an die Oberfläche zu bringen.

Mann: Das heißt also, dass Amma mir nichts zu sagen hat oder?

Plötzlich brach der arme Kerl in Tränen aus.

Amma: (während sie seine Tränen wegwischte) Nun komm schon, mein Sohn, was ist dein wirkliches Problem? Öffne dich und erzähle Amma davon.

Mann: Amma, vor einem Jahr habe ich sie bei einer von Ammas Veranstaltungen kennen gelernt. Als wir uns in die Augen schauten, wussten wir, dass wir füreinander bestimmt waren. So hat alles angefangen. Jetzt ist plötzlich dieser Typ – ihr Ex-Freund – zwischen uns gekommen. Sie sagt, dass er nur ein Freund sei, aber es gibt Situationen, in denen ich stark an ihren Worten zweifle.

Amma: Warum glaubst du das, obwohl sie dir etwas anderes gesagt hat?

Mann: Die Situation ist folgende: Ich *und* ihr Ex-Freund sind jetzt beide da, um an Ammas Veranstaltung teilzunehmen. Sie verbringt mehr Zeit mit ihm als mit ihr. Das macht mich sehr ärgerlich. Ich weiß keinen Rat. Ich bin niedergeschlagen. Es fällt mir sehr schwer, auf Amma konzentriert zu bleiben, weshalb ich hier bin. Meine Meditationen haben nicht die gleiche Intensität und ich kann nicht ruhig schlafen.

Amma: (scherzhaft) Weißt du was? Vielleicht schmeichelt er ihr, indem er sagt: „Schau, Liebling, du bist die schönste Frau der Welt; und seit ich dich getroffen habe, kann ich mir nicht vorstellen, mit einer anderen zusammen zu sein." Er zeigt ihr vielleicht mehr Liebe, lässt sie viel reden und bleibt auch dann ruhig, fühlt er sich einmal provoziert. Außerdem kauft er ihr sicher sehr viel Schokolade! Im Gegensatz dazu, könntest du wie ein Grobian erscheinen, der immer auf ihr herumhackt und sich mit ihr streitet und so weiter.

Bei diesen Worten lachten der Mann und die Devotees, die um Amma herum saßen herzlich. Immerhin war er so ehrlich und gestand Amma, dass er mehr oder weniger so war, wie Amma ihn beschrieb.

Amma: (seinen Rücken streichelnd) Empfindest du sehr viel Ärger und Hass ihm gegenüber?

Mann: Ja, das tue ich. Ich ärgere mich mehr über ihn. Mein Mind ist so aufgewühlt!

Amma fühlte seine Handinnenseite. Sie war sehr heiß.

Amma: Wo hält sie sich gerade auf?

Mann: Sie ist irgendwo hier in der Nähe.

Amma: (auf Englisch) Geh und rede mit ihr.

Mann: Jetzt?

Amma: (auf Englisch) Ja, jetzt.

Mann: Ich weiß nicht, wo sie ist.

Amma: (auf Englisch) Such sie.

Mann: Ja, das werde ich. Aber zuerst muss ich ihn finden, weil sie dort sein wird. Aber Amma, sag mir jetzt, soll ich weitermachen oder die Beziehung beenden? Denkst du, dass die Beziehung gerettet werden kann?

Amma: Sohn, Amma weiß, dass du immer noch an ihr hängst. Das Allerwichtigste ist, dich selbst davon zu überzeugen, dass dieses Gefühl, dass du Liebe nennst, Anhaftung ist. Nur diese Überzeugung wird dir dabei helfen, aus diesem aufgewühlten mentalen Zustand, in dem du dich jetzt befindest, herauszukommen. Egal ob du die Beziehung retten kannst oder nicht, solange du nicht klar zwischen Anhaftung und Liebe unterscheiden kannst, wirst du weiterhin leiden.

Amma erzählt dir jetzt eine Geschichte. Ein hoher Beamter besuchte einmal ein Irrenhaus. Der Arzt machte einen Rundgang mit ihm. In einer der Zellen trafen sie auf einen Patienten der ständig „Pumpum...Pumpum...Pumpum..." wiederholte und dabei mit einem Stuhl vor- und zurückwippte. Der Beamte erkundigte sich nach der Ursache seiner Krankheit. Er fragte den Arzt, ob irgendein Zusammenhang zwischen dem Namen und der Krankheit besteht.

„Das ist eine traurige Geschichte" erwiderte der Arzt, „Pumpum war seine große Liebe. Sie ließ ihn wegen einem anderen sitzen. Daraufhin wurde er verrückt."

„Armer Kerl" bemerkte der Beamte und ging weiter. Er war jedoch sehr erstaunt, in der nächsten Zelle noch einen Patienten vorzufinden, der „Pumpum...Pumpum...Pumpum..." wiederholte und dabei seinen Kopf ständig gegen die Wand schlug. Sich dem Arzt zuwendend fragte der verdutzte Beamte „Was geht hier vor sich? Warum wiederholt dieser Patient den gleichen Namen? Besteht da ein Zusammenhang?"

„Ja, Herr Beamter" erwiderte der Doktor. „Das ist der Mann, der Pumpum am Ende geheiratet hat."

Der Mann brach in Gelächter aus.

Amma: Schau, Sohn, Liebe ist wie das Erblühen einer Blume. Du kannst sie nicht zwingen sich zu öffnen. Öffnest du eine Blume gewaltsam, wird die ganze Schönheit und der Duft zerstört und weder du noch irgendjemand sonst hat etwas davon. Erlaubst du ihr jedoch, dass sie sich von alleine öffnet, sich natürlich entfaltet, dann kannst du dich an dem süßen Duft und den bunten Blättern erfreuen. Sei also geduldig, beobachte dich selbst. Sei ein Spiegel und versuche zu sehen, was du falsch gemacht hast und warum.

Mann: Ich glaube, dass meine Eifersucht und meine Wut erst aufhören, wenn ich Gott heirate.

Amma: Ja, du sagst es. Sei Gottes Braut. Nur die Einheit mit der spirituellen Wahrheit wird dich befähigen, über all dies hinaus zu wachsen und wirklichen Frieden und wirkliches Glück zu finden.

Mann: Wirst du mir dabei helfen?

Amma: Ammas Hilfe ist immer da. Du musst sie nur sehen und annehmen.

Mann: Amma, ich danke dir so sehr. Du hast mir bereits geholfen.

Was macht ein wahrer Meister?

Frage: Amma, was macht ein Satguru mit seinem Schüler?

Amma: Ein Satguru hilft dem Schüler oder der Schülerin, seine oder ihre Schwächen zu sehen.

Frage: Wie hilft das dem Schüler?

Amma: Wirklich zu sehen, heißt zu erkennen und zu akzeptieren. Akzeptiert ein Schüler seine Schwächen, wird es für ihn leichter diese zu überwinden.

Frage: Amma, meinst Du das Ego mit „Schwächen"?

Amma: Wut ist eine Schwäche, Eifersucht ist eine Schwäche, Hass, Selbstsucht und Angst sind alles Schwächen. Ja, die Ursache all dieser Schwächen ist das Ego. Der Mind in Bezug auf all seine Begrenzungen und Schwächen wird Ego genannt.

Frage: Du sagst also, dass grundsätzlich die Aufgabe eines Satgurus darin besteht, an dem Ego seines Schülers zu arbeiten.

Amma: Die Aufgabe eines Satgurus besteht darin, dem Schüler dabei zu helfen, dass er erkennt, wie bedeutungslos sein Ego ist, nichts weiter als ein nichtiges Phänomen. Das Ego ist wie eine Flamme, die von dem Öl einer kleinen Tonlampe gespeist wird.

Frage: Warum ist es wichtig, zu erkennen, wie bedeutungslos das Ego ist?

Amma: Weil dann das Ego nichts Neues oder Bemerkenswertes zu bieten hat. Scheint die Sonne, warum soll man sich dann um diese kleine Flamme sorgen, die jeden Moment ausgehen kann?

Frage: Amma, könntest du bitte etwas genauer auf diesen Punkt eingehen?

Amma: Du bist das Ganze, die Göttlichkeit. Im Vergleich dazu ist das Ego nichts weiter als eine kleine Flamme. Ein Satguru entfernt also einerseits dein Ego. Andererseits jedoch schenkt er dir das Ganze. Der Satguru erhebt dich von einem Bettler zu einem Kaiser, zum Kaiser des Universums. Von einem bloßen Empfänger macht dich der Satguru zum Gebenden, der denjenigen, die zu ihm kommen, alles gibt.

Der Mahātmā und
seine Handlungen

Frage: Stimmt es, dass alles, was ein Mahātmā tut, eine Bedeutung hat?

Amma: Besser ist es zu sagen, dass alles, was eine Selbstverwirklichter macht, eine göttliche Botschaft enthält, eine Botschaft, welche die grundlegenden Prinzipien des Lebens vermittelt. Selbst die scheinbar sinnlosen Dinge, die sie tun, enthalten solche Botschaften.

Es gab einmal einen Mahātmā, dessen einzige Tätigkeit darin bestand, große Felsbrocken einen Berg hinauf zu rollen. Dies war die einzige Arbeit, die er bis ans Ende seiner Tage ausführte. Ihm wurde nie langweilig und er beschwerte sich auch nie. Die Leute dachten, dass er verrückt sei, aber das war er nicht. Manchmal dauerte es mehrere Stunden oder sogar Tage, um einen Felsbrocken mit der bloßen Hand bis zur Spitze des Berges zu rollen. Sobald er ihn bis ganz hinaufbefördert hatte, ließ er ihn wieder herunterrollen. Der Mahātmā sah dann dabei zu, wie der Felsbrocken vom Gipfel bis zum Fuß des Berges hinab rollte, klatschte in die Hände und lachte dabei wie ein kleines Kind.

Man braucht sehr viel Mut und Kraft, um einen Aufstieg zu schaffen, egal in welchem Bereich. Aber in nur einem Moment kann all das, was wir durch harte Arbeit gewonnen haben, wieder vernichtet werden. Dies trifft sehr wohl auch für die Tugenden zu. Außerdem hing dieser Mahātmā überhaupt nicht an seiner enormen Anstrengung, die er aufwenden musste, um diesen Felsbrocken auf den Berg zu rollen. Daher konnte er auch lachen wie ein Kind – es war das Lachen vollkommener Losgelöstheit. Wahrscheinlich ist dies die Lektion, die er alle lehren wollte.

Die Menschen beurteilen und interpretieren die Handlungen eines Mahātmās, doch das tun sie nur, weil ihr Mind nicht fein genug ist, um die Oberfläche zu durchdringen. Die Menschen haben Erwartungen, aber ein wahrer Mahātmā kann die Erwartungen von niemandem erfüllen.

Ammas Umarmung erweckt Liebe

Frage: Angenommen jemand sagt dir, dass er oder sie das Gleiche tun kann wie du – das heißt, die Menschen umarmen – was würdest du ihm oder ihr antworten?

Amma: Das wäre wunderbar. Die Welt braucht mehr und mehr mitfühlende Herzen. Amma wäre glücklich, wenn eine weitere Person es als sein oder ihr Dharma ansieht der Welt zu dienen, indem er oder sie Menschen mit wahrer Liebe und wahrem Mitgefühl umarmt. Eine Amma alleine kann schon rein körperlich die gesamte Menschheit nicht umarmen. Eine wirkliche Mutter würde jedoch nie etwas über die Selbstaufopferung äußern, welche sie zum Wohle ihrer Kinder auf sich nimmt.

Frage: Amma, was geschieht, wenn du die Menschen umarmst?

Amma: Nimmt Amma die Menschen in den Arm, findet mehr statt, als nur körperlicher Kontakt. Die Liebe, die Amma für die gesamte Schöpfung empfindet, fließt zu jeder Person, die zu ihr kommt. Diese reine Schwingung der Liebe reinigt die Menschen und hilft ihnen somit bei ihrem inneren Erwachen und ihrem spirituellen Wachstum.

Sowohl Männer, als auch Frauen der heutigen Zeit müssen die mütterlichen Qualitäten in sich wecken. Ammas Umarmungen sollen den Menschen dabei helfen, sich dieser allgemeingültigen Notwendigkeit bewusst zu werden.

Liebe ist die einzige Sprache, die jedes Lebewesen verstehen kann. Sie ist universell. Liebe, Frieden, Meditation und *Mōkṣha* (Befreiung) sind alle universell.

Wie die Welt göttlich wird

Frage: Als Familienvater gibt es so viel Pflichten und Aufgaben, denen ich nachkommen muss. Welche Haltung soll ich dabei einnehmen?

Amma: Ob du nun ein Familienvater bist oder ein Mönch– ausschlaggebend ist, wie du das Leben und die Erfahrungen, die es dir bringt, betrachtest und darüber nachdenkst. Hast du eine positive und akzeptierende Haltung, dann lebst du mit Gott, selbst wenn du in der Welt bist. Die Welt wird dann zu Gott und du erfährst Gottes Präsenz in jedem Augenblick. Eine negative Haltung hingegen wird das genaue Gegenteil bewirken – dann wählst du ein Leben mit dem Teufel. Das Augenmerk eines ernsthaften Sādhaks sollte darauf gerichtet sein, den eigenen Mind und seine niederen Tendenzen zu verstehen und dabei unablässig zu versuchen diese zu transzendieren.

Ein Mahātmā wurde einmal gefragt: „O Heiliger, bist du dir sicher, dass du in den Himmel kommen wirst, wenn du stirbst?"

Der Mahātmā entgegnete: „Ja natürlich."

„Aber woher weißt du das? Du bist nicht tot und du weißt auch nicht, was Gott im Sinn hat."

„Es stimmt wohl, dass ich Gottes Absicht nicht kenne - aber ich kenne meinen eigenen Mind. Ich bin immer glücklich, egal wo ich bin. Daher werde ich auch glücklich und voller Frieden in der Hölle sein." antwortete der Mahātmā.

Dieses Glück und dieser Frieden sind wahrlich der Himmel. Es hängt alles von deiner mentalen Haltung ab.

Die Kraft von Ammas Worten

Ich habe dies nicht nur einmal, sondern hundert Mal erlebt. Angenommen, jemand stellt mir eine Frage oder kommt mit einem ernsten Problem zu mir. Dann versuche ich, die Frage zu beantworten und das Problem sehr genau und logisch anzugehen.

Gewöhnlich drückt der Betreffende mir seinen Dank und seine Wertschätzung aus, geht dann seines Weges und scheint mit meiner Lösung völlig zufrieden zu sein. Während ich ihm mit einem Anflug von Selbstgefälligkeit nachblicke. Doch schon bald sehe ich, wie dieselbe Person zu einem anderen Swāmī geht und die gleiche Frage noch einmal stellt – ein klares Zeichen dafür, dass mein Ratschlag nicht wirklich befriedigend war. Dem Betreffenden ist jedenfalls nicht wirklich geholfen worden.

Schließlich kommt er zu Amma. Amma beantwortet die Frage ähnlich. Ich meine, dass die Worte und manchmal sogar die Beispiele, die gleichen sind. Die Person ist jedoch jetzt plötzlich völlig verändert. Der Schatten des Zweifels, der Angst und Sorge verfliegt vollständig und das Gesicht der Person erhellt sich. Es macht wirklich einen großen Unterschied.

Ich denke immer: „Worin liegt der Unterschied? Amma sagt nichts Neues. Aber die Wirkung ist unglaublich."

Nehmen wir zum Beispiel folgenden Vorfall: Während Amma das Mittagessen bei einem ihrer Retreats austeilte, kam eine indische Ärztin, die seit 25 Jahren in Amerika lebt, zu mir und sagte: „Dies ist meine erste Begegnung mit Amma. Ich würde gerne mit dir oder einem anderen Swāmī sprechen."

Die Frau erzählte mir dann eine sehr bewegende Geschichte. Vor ein paar Jahren machte ihr Mann eine Pilgerfahrt zum Berg Kailaśh im Himalaja. Dort erlitt er einen Herzanfall und starb auf der Stelle. Die Frau konnte das Leid und den Schmerz nicht loslassen. Sie sagte: „Ich bin wütend auf Gott. Gott ist unbarmherzig." Ich lauschte ihrer Geschichte so anteilnehmend, wie ich konnte.

Ich redete mit ihr und versuchte, sie von den spirituellen Gesichtspunkten des Todes zu überzeugen und brachte ihr einige von Ammas Beispielen nahe.

Zum Schluss meiner Beratung sagte ich noch zu ihr, dass ihr Mann eigentlich großes Glück gehabt hatte, dass er seinen letzten Atemzug am heiligen Berg von Lord Śhiva tat. „Er hatte einen großartigen Tod", versicherte ich ihr.

Als die Frau dann schließlich ging, sagte sie: „Ich danke ihnen sehr. Aber ich spüre noch immer sehr viel Schmerz."

Am nächsten Morgen kam die Frau zum Darśhan. Noch bevor ich Amma etwas von ihrer Geschichte erzählen konnte, blickte ihr Amma tief in Augen und fragte auf Englisch: „Traurig?"

Amma konnte ihre tiefe Trauer offensichtlich spüren. Während ich Amma ihre Geschichte erzählte, drückte Amma die Frau mit so viel Wärme an sich. Nach ein paar Momenten hob Amma das Gesicht der Frau ganz behutsam an und blickte ihr noch einmal tief in die Augen. „Der Tod ist nicht das Ende; er ist keine vollkommene Auslöschung. Er ist der Anfang eines neuen Lebens", sagte sie. „Dein Mann hatte Glück. Amma sieht ihn glücklich und friedvoll. Du brauchst deshalb nicht traurig zu sein."

Die Frau hörte plötzlich auf zu weinen und in ihrem Gesichtsausdruck lag so viel Frieden.

In derselben Nacht sah ich sie noch einmal. Sie sah unglaublich erleichtert aus. Die Frau sagte: „Ich bin jetzt so friedvoll. Amma hat mich wirklich gesegnet. Ich weiß nicht, wie sie all die Trauer so plötzlich von mir nehmen konnte."

Diesbezüglich stellte ich Amma später folgende Frage: „Amma, warum bewirken deine Worte eine so große Verwandlung? Warum geschieht nicht dasselbe, wenn wir sprechen?"

„Weil ihr mit der Welt verheiratet und vom Göttlichen geschieden seid."

„Amma, der Mind sucht nach weiteren Erklärungen. Könntest du es deshalb bitte noch etwas näher erklären?"

„Mit der Welt verheiratet zu sein, heißt ‚mit dem Mind identifiziert zu sein', was zur Anhaftung an die komplexe Welt und ihre Objekte führt. Dies hält dich getrennt oder geschieden, von deiner inneren, göttlichen Natur.

Es ist gleich einem Zustand der Hypnose. Wenn wir uns selbst von unserem Mind enthypnotisieren, geschieht eine innere Trennung. In diesem Zustand kannst du zwar immer noch in der Welt tätig sein, aber deine innere Ehe oder Einheit mit dem Göttlichen, hilft dir dabei, die falsche, sich verändernde Natur der Welt zu erkennen. Dadurch bleibst du unberührt oder losgelöst. Du bist nicht mehr von der Welt und ihren Objekten hypnotisiert. Dies ist wahrlich der höchste Zustand der Selbstverwirklichung. Es bedeutet zu erkennen, dass diese Einheit oder Ehe mit der Welt in Wahrheit nicht existiert. Die Wahrheit liegt in der Vereinigung mit dem Göttlichen und für immer damit verheiratet zu bleiben?. Die Gōpīs von Vṛindāvan betrachteten sich selbst als die Bräute von Lord Kṛishṇa. Innerlich waren sie mit ihm, dem Göttlichen, verheiratet und blieben von der Welt geschieden."

Wissenschaftler und Heilige

Zu einem Devotee, der eine Frage über Atheisten stellte:

Amma: Glauben wir nicht den Wissenschaftlern, wenn sie vom Mond und vom Mars berichten? Doch wie viele von uns können wirklich bestätigen, dass das, auch wahr ist, was sie sagen. Dennoch vertrauen wir den Worten der Wissenschaftler und Astronomen oder? Ebenso führten die Heiligen und Seher der alten Zeit in ihren inneren Laboratorien jahrelang Experimente durch und erkannten so die höchste Wahrheit, die Essenz des gesamten Universums. So, wie wir den Worten der Wissenschaftler vertrauen, die über unbekannte Dinge sprechen, so sollten wir auch den Worten der großen Meister glauben, die von der Wahrheit sprechen, in der sie verankert sind.

Jenseits der Gedanken

Frage: Amma, die Gedanken scheinen kein Ende zu nehmen. Je mehr wir meditieren, umso mehr Gedanken tauchen auf. Warum? Wie können wir diese Gedanken abstellen und über sie hinausgehen?

Amma: Gedanken, die ja letztlich den Mind bilden, sind in Wirklichkeit träge. Ihre Kraft erhalten sie vom Atman. Unsere Gedanken sind unsere eigene Schöpfung. Wir machen sie real, indem wir mit ihnen kooperieren. Entziehen wir unsere Unterstützung, lösen sie sich auf. Beobachte den Mind aufmerksam, ohne ihn zu bewerten. Dann wirst du feststellen, wie sie allmählich verschwinden.

Der Mind hat viele Zeitalter hindurch – in all den verschiedenen Körper, die du hattest - Gedanken und Wünsche angesammelt. All diese Emotionen sind tief im Inneren vergraben. Das was du an der Oberfläche des Minds siehst oder erlebst ist nur ein kleiner Bruchteil von den verborgenen Schichten, die noch im Inneren schlummern. Versuchst du, den Mind durch Meditation zur Ruhe zu bringen, steigen diese schlummernden Gedanken allmählich an die Oberfläche. Das ist wie, wenn man versucht, einen Fußboden zu reinigen, der sehr lange Zeit nicht geputzt wurde. Je mehr wir putzen, umso mehr Schmutz taucht auf, weil sich dieser jahrelang angesammelt hat.

So ist es auch mit unserem Mind – bis jetzt haben wir die vielen verschiedenen Gedanken, die durch unseren Mind strömen nicht beachtet. So wie der schmutzige Boden, hat auch der Mind seit langer Zeit schon Gedanken, Wünsche und Emotionen angesammelt. Wir sind uns nur der oberflächlichen bewusst. Darunter befinden sich jedoch unzählige Schichten von Gedanken und Emotionen. So, wie beim Reinigen des Fußbodens immer mehr Schmutz an die Oberfläche tritt, tauchen auch immer mehr Gedanken auf, wenn sich die Meditation vertieft. Putze weiter, dann werden sie verschwinden.

Tatsächlich ist es sogar gut, wenn sie auftauchen. Wenn du sie siehst und erkennst, sind sie leichter sie zu entfernen. Verliere nicht die Geduld. Sei hartnäckig und fahre mit deinem *Sādhanā* fort. Zur rechten Zeit wirst du die Stärke gewinnen, um über sie hinauszugehen.

Gewalt, Krieg und die Lösung

Frage: Was können die Menschen tun, um Krieg und Leiden endlich aus der Welt zu schaffen?

Amma: Seid mitfühlender und verständnisvoller.

Frage: Das ist vielleicht keine sofortige Lösung.

Amma: Eine unmittelbare und sofort wirksame Lösung gibt es womöglich nicht und einem zeitlich festgeschriebenen Punkteplan zu folgen wird wahrscheinlich auch nicht funktionieren.

Frage: Das ist aber nicht das, was die friedliebenden Menschen auf der Welt wollen. Sie wollen eine sofortige Lösung.

Amma: Das ist gut. Lass diesen Wunsch, eine sofortige Lösung zu finden wachsen, bis er zu einer intensiven Sehnsucht wird. Nur aus dieser tiefen Sehnsucht heraus wird man eine sofortige Lösung finden.

Frage: Viele spirituell orientierte Menschen sind der Meinung, dass Gewalt und Krieg im Äußeren nur eine Manifestation der Gewalt im Inneren sind. Wie denkst Du darüber?

Amma: Das ist wahr. Wie dem auch sei, eines sollte man wissen: So, wie Gewalt ein Teil des menschlichen Minds ist, ist auch Frieden und Glück ein Teil von ihm. Wollen es die Menschen wirklich, können sie sowohl im Inneren, als auch im Äußeren Frieden finden. Warum sind die Menschen mehr auf den aggressiven und zerstörerischen Aspekt des Minds fixiert?

Warum übersehen sie ganz das grenzenlose Mitgefühl und das Potential an Kreativität, welches derselbe Mind zum Ausdruck bringen kann?

Letztendlich sind alle Kriege nur aus dem Verlangen des Minds entstanden seine innewohnende Gewalt auszudrücken. Er hat einen primitiven, unreifen oder unterentwickelten Anteil. Krieg ist das Produkt dieses primitiven Teils des Minds. Seine kriegerischen Triebe sind nur ein Beispiel, welches beweist, dass wir dem primitiven Mind noch nicht entwachsen sind. Solange dieser Teil nicht transformiert wird, wird es weiterhin Krieg und Streit geben. Den richtigen Weg zu suchen, um diesen Teil des Minds zu überwinden und diesen Weg dann auch in die Tat umzusetzen, ist die richtige und gesunde Weise, mit Krieg und Gewalt umzugehen.

Frage: Ist dieser Weg Spiritualität?

Amma: Ja, der Weg ist Spiritualität – diesen Weg zu gehen heißt, unsere Denkweise zu verändern und über die Schwächen und Begrenzungen des Minds hinauszuwachsen.

Frage: Glaubst du dass Menschen aller Glaubensrichtungen das so akzeptieren werden?

Amma: Ob sie es akzeptieren oder nicht, es ist die Wahrheit. Nur wenn religiöse Führungspersönlichkeiten die Initiative ergreifen und sich für die spirituellen Prinzipien ihrer Religion einsetzen, wird sich die jetzige Situation ändern.

Frage: Amma, glaubst du, dass Spiritualität das grundlegende Prinzip aller Religionen ist?

Amma: Das ist nicht nur Ammas Glaube, es ist Ammas feste Überzeugung. Es ist die Wahrheit.

Religion und die ihr zugrunde liegenden Prinzipien wurden nicht richtig verstanden. Sie sind sogar falsch interpretiert worden. Jede einzelne Religion auf dieser Welt umfasst zwei Aspekte: einen Äußeren und einen Inneren. Der äußere ist die Philosophie oder der intellektuelle Teil und der innere ist der spirituelle Aspekt. Diejenigen, die zu stark an dem äußeren Aspekt der Religion hängen, werden getäuscht. Religionen sind Wegweiser. Sie deuten auf ein Ziel hin und das Ziel ist spirituelle Verwirklichung. Um dieses Ziel zu erreichen, muss man über den Wegweiser, also die Worte, hinausgehen.

Stell dir vor, du musst einen Fluss überqueren. Für die Überfahrt brauchst du ein Boot. Sobald du jedoch das andere Ufer erreicht hast, musst du aussteigen und weiter gehen. Sagst du aber: ‚ich liebe dieses Boot so sehr, ich will nicht aussteigen, ich will hierbleiben‘, dann erreichst du das andere Ufer nicht. Religion ist das Boot. Nutze es, um den Ozean der Missverständnisse und falscher Lebenskonzepte zu überqueren. Ohne dies zu verstehen und umzusetzen, wird kein wahrer Frieden möglich sein - weder im Äußeren noch im Inneren.

Religion ist wie ein Zaun, der einen jungen Setzling vor Tieren schützt. Ist er erst einmal zu einem Baum geworden, braucht er keinen Zaun mehr. Wir können also sagen, dass Religion wie der Zaun ist und die Verwirklichung wie der Baum.

Jemand zeigt mit seinem Finger auf eine Frucht an einem Baum. Du schaust auf den Finger und dann auf die Frucht. Solange du nicht über den Finger hinaus auf die Frucht schaust, wirst du sie nicht sehen. In der heutigen Welt übersehen Menschen aus allen Religionen diese Frucht. Sie sind zu sehr verhaftet und sogar regelrecht besessen von den Fingerspitzen – den Worten und äußerlichen Aspekten ihrer Religion.

Frage: Denkst du, dass in der Gesellschaft nicht genügend Bewusstsein darüber vorhanden ist?

Amma: Es wird viel unternommen, um dieses Bewusstsein zu schaffen. Aber die Intensität der Dunkelheit ist so stark, dass wir aufwachen und noch härter arbeiten müssen. Sicherlich engagieren sich einzelne Personen und Organisationen dafür, dieses Bewusstsein zu schaffen. Das Ziel aber wird nicht nur durch das Organisieren von Konferenzen und Friedensgesprächen erreicht. Wirkliche Bewusstheit kommt nur durch ein meditatives Leben. Es ist etwas, was im Inneren geschehen muss. Alle Organisationen und Personen, die sich für eine friedliche Welt ohne Krieg einsetzten, sollten das besonders betonen. Frieden kann nicht durch intellektuelles Bemühen erreicht werden. Es ist eher wie ein Gefühl, ein Erblühen, welches sich im Inneren vollzieht, sobald wir unsere Energien in die richtigen Bahnen lenken. Dafür ist Meditation das richtige Mittel.

Frage: Wie würdest du den momentanen Zustand der Welt beschreiben?

Amma: Am Anfang hat der menschliche Fötus im Bauch der Mutter die Form eines Fisches. Gegen Ende sieht er fast aus wie ein Affe. Obwohl wir behaupten, dass wir zivilisierte Menschen sind, welche große Fortschritte in den wissenschaftlichen Bereichen erzielt haben, zeigten unser Handlungen, dass wir uns innerlich noch immer auf dieser letzten Entwicklungsstufe im Mutterleib befinden.

Eigentlich würde Amma sagen, dass der menschliche Mind sehr viel weiterentwickelt ist, als der eines Affen. Ein Affe kann nur von einem Ast zum anderen, von einem Baum zum andern springen. Der menschliche Affen-Mind jedoch kann viel größere Sprünge machen. Er kann von hier nach überall springen, zum Mond oder auf die Gipfel des Himalajas und von der Gegenwart in die Vergangenheit und in die Zukunft.

Nur ein innerer Wandel, der auf einer spirituellen Überzeugung beruht, wird Frieden schaffen und dem Leiden ein Ende setzen. Die meisten Menschen sind nicht bereit, ihre Einstellung zu ändern. Ihr Motto lautet: 'Nur wenn du dich änderst, werde ich mich ändern. ' Damit ist niemandem geholfen. Fängst du selbst damit an, wird sich der andere automatisch auch ändern.

Christus und das Christentum

Frage: Ich bin als Christin geboren. Ich liebe Jesus, ich liebe aber auch Amma. Du bist mein Guru. Nun bin ich in einer schwierigen Lage, weil meine zwei Söhne sehr überzeugt von Jesus Lehren und der Kirche sind und an nichts anderes glauben. Sie sagen oft zu mir: ,Mama, wir sind traurig, weil wir dich im Himmel nicht sehen werden; du kommst in die Hölle, weil du nicht Christus folgst.' Ich versuche immer wieder mit ihnen zu reden, aber sie wollen nicht zuhören. Amma, was soll ich tun?

Amma: Amma kann ihren Glauben an Christus vollkommen verstehen. Amma schätzt Menschen sehr, die fest an ihre Religion und ihren persönlichen Gott glauben und hat großen Respekt vor ihnen. Trotzdem ist es völlig falsch und unlogisch zu behaupten, dass alle Menschen, die nicht an Christus glauben in die Hölle kommen. Als Jesus sagte: ,Liebe deinen Nächsten wie dich selbst' meinte er nicht 'Liebe nur die Christen', oder? Wenn man sagt ,Alle Menschen kommen in die Hölle, nur die Christen nicht', dann heißt das, dass man den Nächsten gar nicht wirklich achtet, weil es völlig an Liebe mangelt. Das ist eine Lüge und zu lügen ist ein Verstoß gegen Gott. Göttlichkeit oder das Göttliche, drückt sich durch Wahrhaftigkeit aus, weil Gott Wahrheit ist. Gott ist da, wo man seine Nächsten liebt und sich um sie kümmert.

Eine Aussage wie ,Ihr kommt alle in die Hölle, weil ihr Christus nicht folgt', ist respektlos und zeigt mangelnde Wertschätzung gegenüber der restlichen Menschheit. Wie überheblich und grausam diese ist – einfach zu sagen, dass alle großen Heiligen, Weisen und die Milliarden von Menschen, die vor Christus lebten, in die Hölle kamen? Behaupten diese Menschen, dass es die Erfahrung Gottes erst seit 2000 Jahren gibt? Oder glauben sie, dass Gott selbst erst 2000 Jahre alt ist? Das widerspricht dem Wesen Gottes, welches alles durchdringt und jenseits von Zeit und Raum ist.

Jesus war Gott in menschlicher Gestalt. Amma kann das voll und ganz akzeptieren. Das heißt deshalb aber nicht, dass all die bedeutenden Inkarnationen vor und nach ihm keine Avatāre sind oder dass sie nicht diejenigen retten können, die an sie glauben.

Hat Jesus nicht gesagt: ‚Das Königreich des Himmels ist in euch'? Das ist eine so einfache und klare Aussage. Was bedeutet das? Es bedeutet, dass Gott in dir wohnt. Wenn sich der Himmel im Inneren befindet, dann befindet sich auch die Hölle im Inneren. Auf deinen Mind kommt es an, er ist ein sehr mächtiges Werkzeug. Wir können beides damit erschaffen sowohl den Himmel als auch die Hölle.

Alle Mahātmās, auch Christus, legen sehr viel Wert auf Liebe und Mitgefühl. Tatsächlich sind Liebe und Mitgefühl die Grundpfeiler aller ursprünglichen Religionen. Diese göttlichen Qualitäten sind die Grundlage aller Glaubensrichtungen. Erkennt man reines Bewusstsein nicht als das wesentliche Prinzip, das allem zu Grunde liegt, kann man seinen Nächsten nicht lieben oder ihm sein Mitgefühl schenken. Sagt man: ‚Ich liebe dich – aber nur, wenn du ein Christ bist' ist das, wie wenn man sagt: ‚Nur Christen haben ein Bewusstsein; alle anderen sind leblose Objekte. ' Bewusstsein zu verleugnen bedeutet im Prinzip Liebe und Wahrheit zu verleugnen.

Tochter, was deine Situation angeht, so denkt Amma nicht, dass sich die Einstellung deiner Kinder so leicht ändern lässt. Das braucht sie auch gar nicht. Lass ihnen ihren Glauben. Folge deinem Herzen und tue im Stillen weiterhin das, was für dich richtig ist. Worauf es letztendlich ankommt, ist das tiefe Gefühl in deinem Herzen.

Sei ein guter Christ, Hindu, Buddhist, Jude oder Moslem. Du solltest jedoch niemals dein Unterscheidungsvermögen verlieren und im Namen der Religion zum Fanatiker werden.

Einweihung in ein Christus-Mantra

Ein junger Christ bat Amma um ein Mantra. „Welche Gottheit verehrst du?" fragte ihn Amma.

„Das entscheidest du, Amma. Ich werde das Mantra wiederholen, egal, welche Gottheit du für mich wählst", sagte er.

Amma antwortete: „Nein, Amma weiß, dass du aus einer christlichen Familie stammst und christlich erzogen wurdest. Darum ist dieses Saṁskāra (Prägung, die man aus diesem und vergangenen Leben mitbringt) tief in dir verwurzelt."

Der junge Mann überlegte einen Moment lang und sagte dann: „Amma, wenn du willst, dass ich selbst eine Gottheit wähle, dann weihe mich bitte in ein Kālī Mantra ein."

Amma wies seinen Wunsch liebevoll zurück und sagte: „Sieh, Amma weiß, dass du ihr gefallen möchtest. Für Amma macht es keinen Unterschied, ob du ein Kālī oder ein Christus Mantra wiederholst. Sei ehrlich zu dir selbst und offen gegenüber Amma. Diese Haltung macht Amma wirklich glücklich."

„Aber Amma, ich rezitiere das Mṛityunjaya Mantra und noch andere hinduistische Gebete" sagte er um Amma zu überzeugen.

Amma: „Das mag schon sein, aber trotzdem musst du ein christliches Mantra wiederholen, weil das deinem vorherrschenden Saṁskāra entspricht. Wiederholst du andere Mantren, wird es dir schwerfallen, sie dauerhaft zu rezitieren. Das wird zwangsläufig zu inneren Konflikten führen."

Der junge Mann aber war unnachgiebig. Er wollte, dass Amma entweder ein Mantra für ihn aussuchte oder ihn in ein Kālī Mantra einweihte. Schließlich sagte Amma: „Gut, mein Sohn, dann tue Folgendes: setze dich still hin und meditiere eine Weile. Wir werden sehen, was passiert."

Ein paar Minuten später, als seine Meditation beendete, fragte ihn Amma: „Jetzt sage Amma: Welche Gottheit liebst du am meisten?" Der junge Mann konnte nur lächeln. Amma fragte ihn: „Christus, habe ich Recht?" Der Junge antwortete: „Ja, Amma. du hast Recht und ich habe mich geirrt."

Amma sagte: „Für Amma gibt es keinen Unterschied zwischen Christus, Kṛiṣhṇa oder Kālī. Obwohl du dir dessen nicht bewusst bist, fühlst du unterbewusst doch einen Unterschied. Amma wollte, dass du das erkennst und annimmst. Darum hat sie dich gebeten zu meditieren."

Der junge Mann war glücklich und Amma weihte ihn in ein Christus-Mantra ein.

Verwirrte Sucher
und Der Ausweg

Frage: Es gibt Menschen, die schon seit langer Zeit intensive spirituelle Übungen praktizieren und dennoch sind sie auch verwirrt. Einige von ihnen behaupten sogar, die Reise schon vollendet zu haben. Wie können wir solchen Menschen helfen?

Amma: Wie kann ihnen geholfen werden, wenn sie selbst keine Notwendigkeit dafür sehen? Um aus der Dunkelheit der Täuschung herauszukommen, sollte man zuerst erkennen, dass man sich in der Dunkelheit befindet. Es ist ein anderer komplexer Zustand des Minds. Diese Kinder stecken dort fest und tun sich schwer die Wahrheit zu akzeptieren. Wie könnte jemand – so wie es diese Kinder tun – irgendetwas behaupten, er hätte kein Ego?

Frage: Was treibt sie in diesen verwirrten mentalen Zustand?

Amma: Ihre falsche Vorstellung von Spiritualität und Selbsterforschung.

Frage: Können sie gerettet werden?

Amma: Nur wenn sie gerettet werden wollen.

Frage: Kann denn Gottes Gnade sie nicht retten?

Amma: Natürlich, aber sind sie auch offen für diese Gnade?

Frage: Gnade und Mitgefühl sind bedingungslos. Offen zu sein ist eine Bedingung oder?

Amma: Offenheit ist keine Bedingung. Sie ist eine Notwendigkeit so unerlässlich wie essen und schlafen.

Die Hilfe eines
wahren Meisters

Frage: Einige Leute meinen, dass man die Anleitung eines Gurus gar nicht braucht, um Selbstverwirklichung zu erlangen. Amma, wie denkst du darüber?

Amma: Eine körperlich blinde Person sieht überall nur Dunkelheit. Also wird sie sich Hilfe suchen. Aber obwohl die Leute spirituell blind sind, merken sie es nicht. Aber selbst wenn sie es bemerken, dann akzeptieren sie es nicht. Daher fällt es ihnen schwer um Anleitung zu bitten.

Unterschiedliche Leute vertreten unterschiedliche Meinungen und sie haben die Freiheit diese auszudrücken. Diejenigen, mit einem scharfen Intellekt, können alles Mögliche beweisen oder widerlegen. Das Gesagte muss jedoch nicht immer wahr sein. Je intellektueller jemand ist, desto egoistischer ist er auch, es einem schwer sich hinzugeben. Solange das Ego nicht aufgegeben wird, kann Gott nicht erfahren werden. Menschen, die zu sehr an ihrem Ego hängen, rechtfertigen ihr egoistisches Handeln auf vielfältige Weise. Wenn jemand behauptet, er braucht die Anleitung eines Gurus auf seinem Weg zu Gott nicht, , dann hat diese Person Angst, ihr Ego aufzugeben. Dies ist Ammas Meinung. Oder er sehnt sich vielleicht selbst danach ein Guru zu sein.

Obwohl unser wahres Wesen göttlich ist, identifizieren wir uns schon so lange mit der Welt der Namen und Formen und glauben, dass diese Formen und Namen real sind. Jetzt ist es an der Zeit, dass wir unsere Identifikation damit aufgeben.

Das Geschenk eines unschuldigen Herzens

Ein kleines Mädchen, das zum Darśhan kam, reichte Amma eine wunderschöne Blume. Sie sagte: „Amma, die ist aus unserem eigenen Garten."

Amma erwiderte: „Oh, wirklich? Die ist aber schön." Amma nahm die Blume an und berührte damit demütig ihre Stirn, als ob sie sich vor ihr verbeugen würde.

„Hast du sie selbst gepflückt?" fragte Amma. Das Mädchen nickte.

Die Mutter des Mädchens erklärte, dass ihre Tochter so aufgeregt war als sie ihr erzählte, sie gingen zu Amma. Sie rannte in den Garten und kam mit der Blume in der Hand wieder zurück. Die Blume hatte sogar noch ein paar Tautropfen auf ihren Blättern. „Sie zeigte mir die Blume und sagte: ‚Mama, diese Blume ist so schön wie Amma.‘"

Das Mädchen saß auf Ammas Schoß. Plötzlich umarmte es Amma fest und küsste sie auf beide Wangen. Es sagte: „Ich liebe dich so sehr, Amma." Amma gab ihr ein paar Küsse zurück und erwiderte: „Mein Kind, Amma liebt dich auch sehr."

Als sie sah, wie das kleine Mädchen an der Seite seiner Mutter freudig tänzelte, während die beiden auf ihre Plätze zurückgingen, bemerkte Amma: „Unschuld ist so schön und herzergreifend."

Direktverbindung zu Gott

Während der Frage-und-Antwort-Stunde auf einem von Ammas Retreats sagte ein Devotee mit besorgtem Ton: „Amma, so viele tausend Menschen beten zu dir. Ich fürchte, dass fast alle Leitungen belegt sind, wenn ich einmal nach deiner Hilfe rufe. Was kannst du mir in einem solchen Fall raten?"

Amma lachte herzlich als sie die Frage hörte. Sie antwortete: „Keine Sorge, mein Sohn. Du hast eine Direktverbindung." Ammas Antwort zog lautes Gelächter nach sich. Sie fuhr fort: „Eigentlich hat jeder eine Direktverbindung zu Gott. Die Qualität der Verbindung hängt jedoch ganz von der Innigkeit deines Gebetes ab."

Gleich einem beständigen Fluss

Frage: Amma, Du tust Tag für Tag, Jahr für Jahr dasselbe. Wird Dir nicht irgendwann langweilig, wenn du immer nur Menschen umarmst?

Amma: Wenn den Fluss das Fließen langweilt, wenn die Sonne das Scheinen langweilt, und wenn den Wind das Wehen langweilt, dann langweilt sich auch Amma.

Frage: Amma, egal wo du bist, du bist immer von Menschen umgeben. Hast du nicht das Bedürfnis nach ein wenig Freiheit und danach, auch einmal alleine zu sein?

Amma: Amma ist immer frei und Amma ist immer allein.

Vēdische Klänge und Mantren

Frage: Die Ṛiṣhis, die vor vielen tausend Jahren lebten, werden auch als Mantra Dṛiṣhṭas (die, welche die Mantren gesehen haben) bezeichnet. Heißt das, dass sie die reinen Klänge und Mantren gesehen haben?

Amma: ‚Gesehen' heißt ‚im Inneren aufgetaucht' oder erfahren. Mantren können nur innerlich erfahren werden. Die vēdischen Klänge und Mantren existierten bereits im Universum, in der Atmosphäre. Was tun Wissenschaftler, wenn sie etwas erfinden? Sie bringen eine Tatsache, die lange Zeit im Verborgenen lag, ans Tageslicht. Das kann man keine neue Erfindung nennen. Sie haben es bloß entdeckt (auf-gedeckt).

Der einzige Unterschied zwischen wissenschaftlichen Erfindungen und Mantren ist die feinstofflichere Dimension von letzteren. Die Ṛiṣhis haben ihre inneren Instrumente durch strenge Askese klar und vollkommen gereinigt. Daraufhin tauchten diese universellen Klänge von selbst in ihnen auf.

Wir wissen wie Klänge und Bilder, die von Radio- oder Fernsehsendern ausgestrahlt werden, als Schwingungen durch den Äther wandern. Sie sind immer in der Atmosphäre vorhanden. Um sie jedoch sehen und hören zu können, müssen wir unser Empfangsgerät – das Radio oder den Fernseher – richtig einstellen. Genauso offenbaren sich auch die göttlichen Klänge denjenigen, deren Mind klar und rein ist. Die äußeren Augen können sie nicht sehen. Nur wenn wir ein drittes Auge oder ein inneres Auge entwickeln, können wir diese Klänge wahrnehmen.

Versuche stets, jeden Klang, gleich welcher Art so tief wie möglich in dir zu spüren. Worauf es wirklich ankommt, ist

das Fühlen, nicht das bloße Hören eines Klanges. Fühle deine Gebete, fühle dein Mantra – dann wirst du Gott fühlen.

Frage: Haben Mantren eine Bedeutung?

Amma: Nicht so wie du denkst oder es erwarten würdest. Mantren sind die reinste Form von universeller Schwingung oder Śhakti. Ihr wahres Wesen wurde von den Ṛiṣhis in tiefer Meditation erfahren. Mantren sind die Kraft des Universums in Samenform. Deshalb werden sie als Bījākṣharas (Samen-Buchstaben) bezeichnet.

Nachdem sie diese Erfahrung gemacht hatten, schenkten die Ṛiṣhis diese reinen Klänge der Menschheit. Es ist jedoch nicht so leicht ein Erlebnis in Worte zu fassen. Erst recht nicht, handelt es sich dabei um die allerhöchste Erfahrung überhaupt. Die uns bekannten Mantren kommen also dem universellen

Klang am nächsten. Diesen konnten die mitfühlenden Ṛiṣhis für das Wohl der Welt in Worte fassen. Das ändert jedoch nichts an der Tatsache, dass man ein Mantra in seiner ganzen Fülle erst erleben kann, wenn der Mind vollkommen rein ist.

Etwas fehlt

Frage: Amma, viele Menschen sagen, dass ihnen, irgendetwas in ihrem Leben fehlt, obwohl sie materiell wohlhabend sind. Warum ist das so?

Amma: Das Leben konfrontiert die Menschen mit unterschiedlichen Erfahrungen und Situationen gemäß ihrem früheren Karma und ihrer jetzigen Lebensweise. Doch egal, wer du bist und wie groß dein materieller Besitz ist - nur eine dharmische Lebens- und Denkweise wird dir helfen, Glück und Vollkommenheit im Leben zu erlangen. Nutzt du deinen Reichtum und deine Wünsche nicht gemäß dem höchsten Dharma, Mōkṣha zu erreichen, wirst du nie Frieden finden. Du wirst immer das Gefühl haben, das dir etwas fehlt. Das, was dir fehlt, ist Frieden, Erfüllung und Zufriedenheit. Dieser Mangel an wahrer Freude erzeugt eine Leere. In Vergnügungen schwelgen oder sich die materiellen Wünsche erfüllen, kann diese Leere nicht füllen.

Überall auf der Welt denken die Menschen, dass sie dieses Loch damit füllen können. Doch tatsächlich bleibt dieses Loch bestehen und vergrößert sich eher noch, wenn wir weiterhin nur weltlichen Dingen hinterherlaufen.

Dharma und Mōkṣha bedingen sich gegenseitig. Jemand, der sein Leben gemäß den Prinzipien des Dharmas lebt, wird Mōkṣha erlangen und jemand, der sich danach sehnt, Mōkṣha zu erlangen wird unweigerlich ein dharmisches Leben führen.

Nicht richtig und unüberlegt eingesetzt, sind Geld und Reichtümer große Hindernisse für alle, die sich für den spirituellen Weg entschieden haben. Je mehr Geld du hast, desto wahrscheinlicher ist es, dass sich alles nur noch um dein körperliches Wohl dreht. Je stärker du dich mit dem Körper identifizierst umso egoistischer wirst du. Geld ist nicht das Problem, aber die törichte Anhaftung daran.

Welt und Gott

Frage: Welcher Zusammenhang besteht zwischen der Welt und Gott, Freude und Leid?

Amma: Man braucht die Welt, um Gott zu erkennen oder um wahres Glück zu erfahren. In der Schule schreibt der Lehrer mit weißer Kreide auf die schwarze Tafel. Der schwarze Hintergrund dient als Kontrast für die weiße Schrift. Genauso ist die Welt der Hintergrund, vor dem wir unsere Reinheit und unsere wahre Natur erkennen, welche ewige Freude ist.

Frage: Amma, stimmt es, dass nur Menschen unglücklich oder unzufrieden sind und Tiere nicht?

Amma: Nicht ganz. Auch Tiere kennen Gefühle von Schmerz und Unzufriedenheit. Sie empfinden Kummer, Liebe, Wut und andere Emotionen. Sie fühlen sie jedoch nicht so tief wie Menschen. Die Menschen sind weiterentwickelt und fühlen sie daher viel tiefer.

Eigentlich weisen tiefe Gefühle des Kummers auf das Potential hin, das andere Extrem zu erreichen, die Glückseligkeit. Tatsächlich können wir aus diesem tiefen Kummer und Leiden heraus genug Kraft sammeln, um uns auf den Weg der Selbsterforschung zu begeben. Es geht lediglich darum, dass wir unsere Śhakti mit mehr Unterscheidungsvermögen einsetzen.

Frage: Amma, wie können wir unsere Śhakti mit mehr Unterscheidungsvermögen einsetzen?

Amma: Nur ein tieferes Verständnis wird uns dabei helfen. Angenommen, wir gehen auf eine Beerdigung oder besuchen eine kranke, alte Person, die an das Bett gefesselt ist - dann werden wir uns sicher traurig fühlen. Sobald wir aber wieder zu Hause und in unserem Alltag sind, haben wir sie vergessen und sind schon mit der nächsten Sache beschäftigt. Das Geschehen hat uns nicht im Innersten berührt; es ist nicht tief gegangen. Wenn du dich jedoch wirklich mit solchen Erfahrungen auseinandersetzt und denkst: ‚Das gleiche steht früher oder später auch mir bevor. Ich sollte die Ursache all diesen Kummers erforschen und etwas unternehmen, bevor es zu spät ist.' Dann werden diese Erfahrungen dein Leben allmählich verändern und dich zu den größeren Geheimnissen des Universums leiten. Nimmst du die Sache ernst und bemühst dich wirklich darum, wirst du allmählich die wahre und ursprüngliche Quelle der Freude finden.

Während Amma sprach, fing ein Kind, das bequem im Schoß seiner Mutter saß, plötzlich zu weinen an. Amma rief ‚Baby... Baby... Baby...' und fragte, warum das Kind weinte. Mit dem Schnuller in der Hand sagte die Mutter: ‚Sie hat den hier verloren.' Alle lachten. Dann steckte die Mutter den Schnuller wieder in den Mund des Kindes, woraufhin es aufhörte zu schreien.

Amma: Das kleine Mädchen hat sein Glück verloren. Das war ein gutes Beispiel für den Punkt, den wir gerade klären wollten. Der Schnuller ist eine Illusion, genau wie die Welt. Er gibt dem Kind keine Nahrung. Aber dennoch bewirkt er, dass das Kind aufhört zu weinen. Wir können also sagen, dass er einem Zweck dient. Genauso nährt die Welt die Seele nicht wirklich, aber sie hat den Zweck, uns an den Schöpfer, an Gott zu erinnern.

Frage: Es heißt, dass man durch tiefes Leid und großen Kummer gehen muss, bevor man zur Selbstverwirklichung gelangt. Stimmt diese Aussage?

Amma: Auch andernfalls wird es Kummer und Leid im Leben geben. Spiritualität ist keine Reise nach vorne, sondern eine Reise zurück. Wir kehren zurück zu der ursprünglichen Quelle unserer Existenz. Während dieses Prozesses müssen wir durch alle Gefühlsschichten und Vāsanās (latente Neigungen) hindurchgehen, die wir bisher angesammelt haben. Von dort kommt der Schmerz, nicht von außerhalb. Indem wir offen durch diese Schichten hindurchgehen, überwinden und transzendieren wir sie tatsächlich. Das führt uns schließlich an einen Ort vollkommenen Friedens und vollkommener Glückseligkeit.

Ehe man den Gipfel eines Berges erreicht, muss man sich erst im Tal befinden, zu Füßen des Berges, dem anderen Extrem. Ebenso ist auch die Erfahrung des anderen Endes, des Kummers unvermeidbar, bevor man zum Gipfel des Glücks gelangt.

Frage: Warum ist das unvermeidbar?

Amma: Solange man sich mit dem Ego identifiziert und solange man denkt: ‚Ich bin von Gott getrennt' wird es Leid und Kummer geben. Jetzt stehst du am Fuß des Berges. Noch bevor du überhaupt mit dem Aufstieg beginnen kannst, musst du deine Bindungen an das Tal und alles, was du dort besitzt, aufgeben. Schmerz ist nur dann unvermeidlich, wenn man es nur halbherzig tut. Andernfalls gibt es keinen Schmerz. Wenn diese Anhaftung aufgegeben wird, wird der Schmerz zu einer intensiven Sehnsucht, der Sehnsucht, die Höhen der ewigen Vereinigung zu erreichen. Die eigentliche Frage ist: Wie viele können diese Bindung aus ganzem Herzen aufgeben?

Der Devotee war für ein paar Momente in Gedanken versunken. Amma bemerkte seine Stille, tippte auf seinen Kopf und sagte: „Stimme die Trommel des Egos und lass sie in Wohlklang erklingen." Der Devotee brach spontan in Gelächter aus.

Amma: Amma hat einmal eine Geschichte gehört. Sie handelt von einem reichen Mann. Er hatte jegliches Interesse am weltlichen Leben verloren und wollte ein neues ausgeglichenes und friedvolles Leben beginnen. Er besaß alles, was man mit Geld kaufen kann. Aber das Leben schien ihm trotzdem völlig sinnlos und leer. Deshalb beschloss er, sich der Führung eines spirituellen Meisters anzuvertrauen. Bevor er sein Haus verließ, dachte der Mann: ‚Was mache ich mit all dem Geld? Ich sollte es dem Meister geben und es dann vergessen. Wonach ich mich wirklich sehne, ist wahres Glück.' Der reiche Mann packte also all seine Goldmünzen in einen Sack und machte sich damit auf den Weg.

Nachdem er den ganzen Tag gewandert war, entdeckte der Mann am Rande eines Dorfes, unter einem Baum sitzend, den Meister. Er legte den Geldsack vor dem Meister nieder und verneigte sich vor ihm. Als er aber seinen Kopf hob, sah der Mann überrascht, wie der Meister mit seinem Geldsack davonlief. Völlig irritiert und fassungslos über das seltsame Verhalten des Gurus jagte ihm der reiche Mann, so schnell ihn seine Beine trugen, hinterher. Der Meister rannte schneller – über die Felder, die Hügel auf und ab, sprang über Bäche und durchquerte Gebüsch und Straßen. Es wurde langsam dunkel. Der Meister war mit dem engen, verschlungenen Straßensystem des Dorfes so gut vertraut, dass es sehr schwierig für den reichen Mann war ihm zu folgen.

Am Ende gab der Mann alle Hoffnung auf und kehrte dorthin zurück, wo er den Meister das erste Mal traf. Und dort lag sein Geldsack – und auch der Meister war dort. Er hielt sich hinter einem Baum versteckt. Als der reiche Mann gierig nach seinem wertvollen Geldbeutel griff, schaute der Meister hinter dem Baum hervor und sagte: „Sag mir, wie du dich jetzt fühlst."

„Ich bin glücklich, sehr glücklich – dies ist der glücklichste Moment meines Lebens."

„Also" sagte der Guru „um wirkliches Glück zu erfahren, muss man auch das andere Extrem durchleben."

Kinder, ihr könnt in der Welt umherwandern und hinter ihren verschiedenen Objekten nachjagen. Solange ihr jedoch nicht zur ursprünglichen Quelle zurückkehrt, stellt sich das wahre Glück nicht ein. Dies ist die Moral dieser Geschichte.

Frage: Amma, ich habe gehört, dass man wahres Glück nicht finden kann, solange nicht alles Suchen aufgehört hat. Kannst du das erklären?

Amma: ‚Alles Suchen sollte aufhören' bedeutet, dass die Suche nach Glück in der Äußeren Welt aufhören sollte. Das, was du suchst, befindet sich in dir. Höre auf, den Objekten der Welt nachzulaufen und wende dich nach Innen. Dort wirst du finden, wonach du suchst.

Du bist gleichzeitig der Suchende und das, was du suchst. Du suchst nach etwas, was du bereits besitzt. Nur kannst du es nicht außerhalb finden. Deshalb wird jede Suche nach Glück im Äußeren fehlschlagen und in Frustration enden. Das ist, wie ein Hund, der seinem eigenen Schwanz nachjagt.

Grenzenlose Geduld

Es gibt einen Mann, ungefähr Ende 50, der seit 1988 jede von Ammas Veranstaltungen in New York besucht. Ich erinnere mich an ihn, weil er Amma jedes Mal dieselben Fragen stellt. Fast jedes Mal ergibt es sich so, dass ich sein Übersetzer bin. Jahr für Jahr stellt der Mann dieselben drei Fragen, ohne sie auch nur ein wenig umzuformulieren:
1. Kann Amma mir sofortige Selbstverwirklichung schenken?
2. Wann werde ich eine hübsche Frau heiraten?
3. Wie kann ich schnell viel Geld verdienen und reich werden?
Als ich ihn in der Darśhan-Schlange näherkommen sah, bemerkte ich scherzhaft: „Da kommt die verkratzte Schallplatte."

Amma wusste sofort, wen ich damit meinte. Sie schaute mich streng an und sagte: „In Spiritualität geht es darum, die Probleme und das Leid Anderer zu fühlen und zu teilen. Man sollte Menschen, die solche Probleme und Situationen durchmachen, wenigstens mit einem gereiften intellektuellen Verständnis begegnen. Wenn dir die Geduld fehlt ihnen zuzuhören, dann bist du nicht dafür geeignet, Ammas Übersetzer zu sein. "

Ich bat Amma aufrichtig mir meine Voreingenommenheit und meine vorschnellen Worte zu verzeihen. Dennoch zweifelte ich daran, ob Amma seine Fragen zum 15. Mal hören wollte.

„Soll ich seine Fragen entgegen nehmen?" fragte ich Amma.
„Natürlich, warum fragst du? '"

Es waren tatsächlich dieselben drei Fragen. Ich war einmal mehr von Ehrfurcht und Staunen erfüllt, als ich erlebte, wie Amma ihm zuhörte und ihm ihren Rat erteilte, als ob sie seine Fragen zum ersten Mal hören würde.

Mann: Kann Amma mir sofortige Selbstverwirklichung schenken?

Amma: Meditierst du regelmäßig?

Mann: In der Hoffnung mehr Geld zu verdienen arbeite ich 50 Stunden die Woche. Aber trotzdem meditiere ich, wenn auch nicht regelmäßig.

Amma: Das heißt?

Mann: Habe ich meine täglichen Pflichten erfüllt und finde Zeit dafür, dann meditiere ich.

Amma: Okay, wie sieht es mit deinem Mantra aus? Wiederholst du es täglich, wie angewiesen?

Mann: (Etwas zögerlich) Ja, ich wiederhole mein Mantra, aber nicht täglich.

Amma: Um wie viel Uhr gehst du zu Bett und wann stehst du morgens auf?

Mann: Gewöhnlich gehe ich so um Mitternacht ins Bett und stehe um 7:00 Uhr auf.

Amma: Wann fährst du in die Arbeit?

Mann: Meine Arbeitszeit geht von 8:30 Uhr bis 17:00 Uhr. Ohne Stau brauche ich ca. 30 bis 40 Minuten um dorthin zu fahren. Normalerweise verlasse ich das Haus um 7:35 Uhr. Wenn ich aufgestanden bin, bleibt gerade noch genug Zeit, um mir einen Kaffee zu kochen, zwei Scheiben Brot zu toasten und mich anzuziehen. Mit meinem Frühstück und meinem Kaffee in der Hand springe ich dann ins Auto und fahre los.

Amma: Wann kommst du von der Arbeit nach Hause?

Mann: *Mmm...* 17:30 Uhr oder 18:00 Uhr.

Amma: Was machst du, wenn du zu Hause bist?

Mann: Ich ruhe mich eine halbe Stunde lang aus und bereite dann das Abendessen zu.

Amma: Für wie viele Personen?

Mann: Nur für mich. Ich bin alleine.

Amma: Wie lange dauert das?

Mann: Ungefähr 40 Minuten bis eine Stunde.

Amma: Dann ist es 19.30 Uhr. Was machst du nach dem Abendessen? Fernsehen?

Mann: Richtig.

Amma: Wie lange?

Mann: (lachend) Amma, jetzt hast du mich erwischt! Ich schaue fern, bis ich ins Bett gehe. Ich möchte dir auch noch etwas anderes gestehen.... nein, vergiss es!

Amma: (auf seinen Rücken klopfend) Nun komm schon, sprich weiter und sag´, was du sagen wolltest!

Mann: Es ist so peinlich, dass ich es nicht sagen kann.

Amma: Okay, in Ordnung.

Mann: (nach einer kurzen Pause) Es gibt keinen Grund, es vor dir zu verheimlichen. Wie auch immer, ich glaube, dass du es sowieso schon weißt. Warum hättest du sonst überhaupt eine solche Situation geschaffen? Oh je, das ist vielleicht ein Līlā. Amma, bitte vergib mir, aber ich habe mein Guru Mantra vergessen. Ich kann nicht mal den Zettel finden, auf dem es geschrieben war.

Als sie ihn das sagen hörte, brach Amma in Gelächter aus.

Mann: (überrascht) Was? Warum lachst du?

Weil er mit einem gar so besorgten Blick im Gesicht dasaß, zog Amma spaßeshalber an seinem Ohr.

Amma: Du kleiner Dieb! Amma wusste, dass du irgendetwas vor ihr verbergen wolltest. Sieh her, mein Sohn: Gott ist der, der alles gibt. Amma erkennt deine Ernsthaftigkeit und deinen Wissensdurst, aber du brauchst mehr *Śhraddhā* (liebevollen Glauben und Achtsamkeit) und Entschlossenheit. Du musst bereit sein hart zu arbeiten, um das Ziel die Selbstverwirklichung zu erreichen.

Das Mantra ist die Brücke, die dich mit deinem Guru verbindet – das Endliche mit dem Unendlichen. Das Wiederholen des Guru Mantras ist wie Nahrung für einen wahren Schüler. Zeige deinen Respekt vor dem Mantra und deine verehrende Haltung dem Guru gegenüber, indem du das Mantra jeden Tag unablässig wiederholst. Solange du dich nicht ernsthaft bemühst, wird die Selbstverwirklichung nicht geschehen. Spiritualität sollte kein Teilzeitjob sein, es ist ein Vollzeitjob. Amma verlangt nicht von dir, dass du deine Arbeit kündigst oder weniger arbeitest. Du nimmst deinen Beruf und das Geldverdienen sehr ernst oder? In ähnlicher Weise ist auch die Verwirklichung Gottes eine ernsthafte Angelegenheit. Wie essen und schlafen, so sollten auch spirituelle Übungen zu einem festen Bestandteil deines Lebens werden.

Mann: (höflich) Amma, ich akzeptiere deine Antwort. Ich werde mich daran erinnern und versuchen es zu befolgen. Bitte segne mich.

Der Mann war eine Zeit lang still. Er schien über das Gesagte nachzudenken.

Amma: Mein Sohn.... du warst schon zwei Mal verheiratet, richtig?

Mann: (völlig überrascht) Woher weißt du das?

Amma: Mein Sohn, dies ist nicht das erste Mal, dass du Amma von diesen Problemen erzählst.

Mann: Was für ein Gedächtnis!

Amma: Warum glaubst du, dass es bei der nächsten Heirat funktionieren wird?

Mann: Ich weiß es nicht.

Amma: Du weißt es nicht? Oder bist du unsicher?

Mann: Ich bin unsicher.

Amma: In Anbetracht dieser Unsicherheit... denkst du immer noch daran erneut zu heiraten?

Vollkommen verdutzt und zugleich amüsiert, konnte sich der Mann vor Lachen kaum halten. Dann richtete er sich auf und sagte mit gefalteten Händen: „Amma, du bist unwiderstehlich und unbesiegbar. Ich verneige mich vor dir."
    Mit einem gütigen Lächeln tätschelte Amma dem Mann spielerisch seinen kahlen Kopf, den er tief gesenkt hatte.

Bedingungslose Liebe
und Mitgefühl

Frage: Amma, wie definierst du bedingungslose Liebe und bedingungsloses Mitgefühl?

Amma: Es ist ein völlig undefinierbarer Zustand.

Frage: Was ist es dann?

Amma: Es ist Ausdehnung wie der Himmel.

Frage: Ist es der innere Himmel?

Amma: Da gibt es kein Innen und Außen.

Frage: Was dann?

Amma: Da existiert nur Eins-Sein. Darum kann man es nicht definieren.

Der leichteste Weg

Frage: Amma, es gibt so viele Wege, welcher ist der leichteste?

Amma: Der leichteste Weg ist der an der Seite eines Satgurus. Bei einem Satguru zu sein ist, wie mit einer Concorde zu fliegen. Ein Satguru ist das schnellste Beförderungsmittel, um dich ans Ziel zu bringen. Einem beliebigen Weg ohne die Hilfe eines Satgurus zu folgen, ist wie mit einem Shuttle-Bus unterwegs zu sein, der hundert Mal anhält. Das wird die Reise verzögern.

Verwirklichung, Hingabe und In der Gegenwart leben

Frage: Tritt die Verwirklichung ohne Hingabe nicht ein – egal wie intensiv das Sādhanā ist, das man tut?

Amma: Sag Amma, was du mit intensivem Sādhanā meinst? Intensives Sādhanā zu praktizieren bedeutet, es mit Aufrichtigkeit und Liebe auszuüben. Dafür musst du in der Gegenwart sein. Um in der Gegenwart zu sein, musst du Vergangenheit und Zukunft aufgeben.

Ob du es nun Hingabe, den jetzigen Augenblick, das Hier und Jetzt, von Moment zu Moment leben oder sonst wie nennst – es ist alles ein und das Selbe. Es sind vielleicht unterschiedliche Begriffe, was aber im Inneren geschieht, ist immer das Gleiche. Jede spirituelle Übung, die wir ausführen, ist dafür gedacht, uns die große Lektion des Loslassens zu lernen. Wahre Meditation ist kein Handeln; sie ist ein intensives Verlangen des Herzens, eins mit dem Selbst oder Gott zu sein. Je tiefer wir uns in diesen Prozess einlassen, desto weniger Ego haben wir und desto leichter fühlen wir uns. Du siehst also, dass der eigentliche Zweck von Sādhanā darin besteht, das Gefühl von ,ich' und ,mein' allmählich zu entfernen. Dieser Prozess wird unterschiedlich beschrieben, mit unterschiedlichen Begriffen, das ist alles.

Frage: Alle materiellen Errungenschaften und Erfolge in der Welt hängen vor allem davon ab, wie aggressiv und kompetent du bist. Wenn du nicht ständig deinen Mind und deinen

Intellekt schärfst, kannst du nicht gewinnen. Ein wenig Trägheit wird dich in die hinterste Reihe zurückdrängen und du wirst zur Randfigur degradiert. Es scheint, als ob die Gesetzmäßigkeiten des spirituellen Lebens und die des weltlichen Lebens sehr unterschiedlich sind.

Amma: Tochter, wie du schon richtig sagtest: Sie scheinen nur verschieden zu sein.

Frage: Wie?

Amma: Weil die meisten Menschen, wer auch immer sie sind und was auch immer sie tun, in der Gegenwart leben, wenn auch nicht vollständig. Beschäftigen sie sich gerade mit etwas oder setzen sich gedanklich mit etwas auseinander, dann sind sie im jetzigen Augenblick. Sonst würde nichts funktionieren. Sieh dir zum Beispiel einen Schreiner an. Ist seine Aufmerksamkeit nicht im Moment, könnte er sich mit seinem Werkzeug schlimm verletzen. Die Menschen leben also in der Gegenwart. Der einzige Unterschied besteht darin, dass die meisten Menschen nur wenig oder gar keine Achtsamkeit haben und deshalb nur zum Teil oder überhaupt nicht im Hier und Jetzt sind. Die spirituelle Wissenschaft lehrt uns, voll im jetzigen Moment zu sein, egal zu welcher Zeit und an welchem Ort. Die Menschen sind entweder im Mind oder im Intellekt – nie aber im Herzen.

Frage: Aber muss man nicht das Ego transzendieren, um völlig in der Gegenwart zu sein?

Amma: Ja, aber das Ego zu transzendieren bedeutet nicht, dass du dann zu nichts mehr fähig und unnütz bist. Im Gegenteil – du wirst alle Schwächen überwinden. Du wirst völlig transformiert und deine innewohnenden Fähigkeiten voll und ganz zum

Ausdruck bringen. Als vollkommener Mensch bist du bereit, der Welt zu dienen, ohne irgendwelche Unterschiede zu sehen.

Frage: Du sagst also, dass im Grunde kein Unterschied zwischen Hingabe und in der Gegenwart leben besteht?

Amma: Ja, sie sind ein und dasselbe.

Japa Mālā und Handy

Während Amma in Begleitung ihrer Kinder zur Veranstaltungs-
halle ging, sah sie, wie einer der Brahmachārīs zur Seite trat,
um ein Gespräch auf seinem klingelnden Handy anzunehmen.

Als der Brahmachārī das Gespräch beendet hatte und wieder zur Gruppe zurückkehrte, bemerkte Amma: „Hat man viele
Aufgaben, wie das Organisieren von Ammas Veranstaltungen
im ganzen Land und muss die örtlich zuständigen Personen
kontaktieren, ist es in Ordnung, wenn ein spiritueller Mensch
ein Handy hat. Während ihr aber in der einen Hand das Handy haltet, tragt in der anderen eine Japa Mālā (Rosenkranz),
welche euch daran erinnert, euer Mantra zu wiederholen! Man
braucht ein Handy, um sich mit der Welt zu verbinden. Benutzt
eines, wenn nötig. Verliert jedoch nie den Kontakt zu Gott. Er
ist eure Lebenskraft."

Eine lebende Upaniṣhade

Frage: Wie beschreibst du einen Satguru?

Amma: Ein Satguru ist eine lebende Verkörperung der höchsten Wahrheit, wie sie in den Upaniṣhaden dargestellt ist.

Frage: Was ist die Hauptaufgabe des Satguru?

Amma: Sein oder ihr einziger Job ist es, die Schüler zu inspirieren und den Glauben und die Liebe zu wecken, die sie benötigen, um ihr höchstes Ziel zu erreichen. Die erste und allerwichtigste Aufgabe des Meisters besteht darin, im Schüler das Feuer der Selbsterforschung, Selbstanalyse und der Liebe zu Gott zu entfachen. Sobald dies entfacht ist, geht es für den Meister darum, diese Flamme am Brennen zu halten und sie vor den stürmischen Nächten und dem starken Regen unnötiger

Versuchungen zu schützen. Der Meister bewacht den Schüler wie eine Henne, die ihre Küken unter ihren Flügeln beschützt. Nach und nach wird der Schüler immer größere Lektionen der Hingabe und des Loslassens lernen, indem er den Meister beobachtet und sich von seinem Leben inspirieren lässt. Dies führt letztendlich zu völliger Hingabe und völliger Überwindung (Transzendenz).

Frage: Wovon befreit sich der Schüler?

Amma: Von seiner oder ihrer niedrigeren Natur oder Neigungen (Vāsanās).

Frage: Amma, wie würdest du das Ego beschreiben?

Amma: Ganz einfach eine bedeutungslose Erscheinung – aber eine zerstörerische, wenn du nicht aufpasst.

Frage: Ist es nicht ein sehr nützliches und machtvolles Instrument, während man in der Welt lebt?

Amma: Ja, wenn du lernst es richtig einzusetzen.

Frage: Was meinst du mit „richtig"?

Amma: Amma meint, dass du Unterscheidungsvermögen, angemessene Kontrolle darüber ausüben sollst.

Frage: Tun das nicht auch Sādhaks als Teil ihrer spirituellen Praxis?

Amma: Ja, aber ein Sādhak erlangt allmählich die Kontrolle über das Ego.

Frage: Bedeutet das, dass es nicht notwendig ist, das Ego zu überwinden?

Amma: Die Kontrolle über das Ego zu erlangen und es zu überwinden, sind im Grunde dasselbe. In Wirklichkeit gibt es nichts zu überwinden. Genau wie das Ego letztendlich unwirklich ist, ist auch die Überwindung (Transzendenz) unwirklich. Nur Ātman, das Selbst, ist wirklich. Alles andere sind nur Schatten oder wie Wolken, welche die Sonne bedecken. Sie sind unwirklich.

Frage: Aber Schatten schützen uns vor der Sonne. Können wir sie als unwirklich bezeichnen?

Amma: Stimmt. Einen Schatten kann man nicht als unwirklich bezeichnen denn er schützt uns vor der Sonne. Aber vergiss nicht den Baum, welcher die Ursache des Schattens ist. Der Schatten kann ohne den Baum nicht existieren, der Baum aber existiert auch ohne den Schatten. Daher ist der Schatten weder wirklich noch unwirklich. Das ist Māyā (Täuschung). Der Mind oder das Ego sind weder wirklich noch unwirklich. Dennoch ist die Existenz des Ātman nicht vom Ego abhängig.

Zum Beispiel: Ein Mann ist mit seinem Sohn in der größten Tages Hitze unterwegs. Um sich vor der Hitze zu schützen, läuft der kleine Junge hinter seinem Vater her, dessen Schatten ihn vor den Strahlen der Sonne schützt.

Mein Sohn, du hast Recht: Man kann nicht sagen, dass der Schatten unwirklich ist; andererseits ist er auch nicht wirklich. Jedoch dient er einem bestimmten Zweck. Auf ähnliche Weise, auch wenn das Ego weder wirklich noch unwirklich ist, hat es eine Funktion, uns an die ultimative Wirklichkeit - Ātman zu erinnern. Das dient als Grundlage des Egos. Genau wie der Schatten können weder die Welt noch das Ego ohne Ātman existieren. Ātman ist die Unterstützung und erhält die gesamte Existenz.

Frage: Amma, zurück zum Thema der Überwindung (Transzendenz), du hast gesagt, dass genauso wie das Ego unwirklich ist, auch die Überwindung des Egos unwirklich ist. Wenn das so ist, was ist dann dieser Prozess der Selbsterforschung oder Selbstverwirklichung?

Amma: Genauso wie das Ego unwirklich ist, kann das Ego nur scheinbar überwunden werden. Schon der Begriff ‚Selbsterforschung' ist falsch, weil das Selbst nicht erforschbar ist. Das, was immer bleibt wie es ist, in Vergangenheit, Gegenwart und Zukunft, braucht einen solchen Prozess nicht.

Alle Erklärungen führen letztendlich zur Erkenntnis, dass alle Erklärungen bedeutungslos sind. Am Ende wirst du erkennen, dass nichts anderes existierte als Ātman, und es keinen Prozess gab und gibt eigentlich keinen Prozess.

Zum Beispiel: Tief in einem dichten Wald liegt eine wunderschöne Quelle, aus der sich das Elixier des Lebens (Ambrosiawasser) fließt. Eines Tages entdeckst du sie, trinkst das Wasser und wirst unsterblich. Die Quelle war immer da, aber du wusstest es nicht. Du wurdest plötzlich darauf aufmerksam, hast von ihrer Existenz erfahren. Genauso verhält es sich mit der inneren Quelle reiner Śhakti. Mit steigender Suche und Sehnsucht dich selbst zu erkennen, geschieht eine Offenbarung. Du kommst mit dieser Quelle in Kontakt. Sobald du damit verbunden bist, erkennst du, dass du nie von ihr getrennt warst.

So verbirgt das Universum beispielsweise gewaltige Reichtümer in seinem Schoß. Dort befinden sich Edelsteine von unschätzbarem Wert, Zaubertränke, Heilmittel, die alle Krankheiten heilen, wertvolles Wissen über die Geschichte der Menschheit, Erklärungsmodelle für das Geheimnis des Universums und so weiter. Das, was die Wissenschaftler der Vergangenheit, Gegenwart und Zukunft entdecken können, ist nur ein unendlich kleiner Teil dessen, was das Universum

wirklich in sich trägt. Nichts ist neu. Alle Erfindungen sind
nichts weiter als ein Prozess der Enthüllung. Ebenso bleibt die
höchste Wahrheit tief in uns verborgen, als wäre sie verhüllt.
Der Prozess der Enthüllung wird Sādhanā genannt.

Daher gibt es aus der Sicht des Individuums, des Einzelnen,
einen Prozess der Selbsterforschung und daher gibt es auch
eine Überwindung, eine Transzendenz.

Frage: Amma, wie erklärst du die Transzendenz in den verschiedenen Alltagssituationen des Lebens?

Amma: Transzendenz geschieht nur, wenn wir genügend Reife
und Verständnis entwickeln. Diese entstehen durch spirituelle
Übungen und dadurch, dass wir den verschiedenen Erfahrungen und Situationen im Leben offen und positiv begegnen. Dies
wird uns dabei helfen, unsere falschen Vorstellungen loszulas-
sen und darüber hinauszugehen. Wirst du etwas aufmerksam,
verstehst du, dass das Loslassen und das Überwinden von klei-
neren Dingen, geringfügigen Wünschen und Anhaftungen eine
alltägliche Erfahrung in unserem Leben ist. Ein kleiner Junge
spielt immer gerne mit seinem Spielzeug, einem Plüschaffen
zum Beispiel. Er liebt den Plüschaffen so sehr, dass er ihn den
ganzen Tag mit sich herumträgt. Spielt er mit ihm, vergisst er
sogar manchmal zu essen. Wenn seine Mutter dann versucht,
ihm das Stofftier wegzunehmen, ist das so schlimm für ihn,
dass er zu weinen anfängt. Der kleine Junge schläft sogar mit
dem Affen im Arm ein. Erst dann kann ihm seine Mutter den
Plüschaffen wegnehmen.

Aber eines Tages sieht die Mutter alle Spielsachen, auch
den Affen, den der Junge am aller meisten liebte, einsam und
verlassen in einer Ecke seines Zimmers liegen. Der Junge ist darüber hinausgewachsen, es hat die Spielsachen transzendiert. Es
könnte sogar sein, dass er einem anderen Kind lächelnd beim
Spielen zusieht, man sieht es vielleicht sogar lächeln und ein

anderes Kind beim Spielen mit den Spielsachen beobachten. Er denkt sich: ‚Schau dir dieses Kind an, wie es mit seinem Spielzeug spielt. ' Er hat sogar vergessen, dass auch er einmal ein Kind war.

In dem Beispiel des Kindes lässt es die Spielsachen liegen und wendet sich etwas Fortschrittlicherem vielleicht einem Dreirad zu. Und schon bald hat es auch diese Phase überwunden und fährt ein Fahrrad, schließlich möchte es vielleicht ein Motorrad, ein Auto und so weiter. Ein Sādhak jedoch muss die Stärke und das Verständnis entwickeln um alles zu überwinden, was ihm begegnet und nur das Höchste zu umarmen, sich nur darauf ausrichten.

Māyā

Frage: Amma, was ist Māyā? Wie definierst Du Māyā?

Amma: Der Mind ist Māyā. Die Unfähigkeit des Minds zu erkennen, dass die Welt unbeständig ist und sich verändert, wird Māyā genannt.

Frage: Man sagt auch, dass diese objektive Welt Māyā ist.

Amma: Ja, weil sie eine Projektion des Minds ist. Was uns daran hindert, diese Wirklichkeit zu erkennen, ist Māyā.

Eine Löwenfigur aus Sandelholz ist für ein Kind real – für einen Erwachsenen aber ist sie ein Stück Sandelholz. Für das Kind ist das Holz verborgen und nur der Löwe sichtbar. Den Eltern gefällt der Löwe vielleicht auch, aber sie wissen, dass er nicht real ist. Für sie ist das Holz real, nicht der Löwe. In gleicher Weise ist für eine selbstverwirklichte Seele das ganze Universum nichts als die Essenz, das 'Holz', aus dem alles besteht, das Absolute, Brahman oder Bewusstsein.

Atheisten

Frage: Amma, was hältst du von Atheisten?

Amma: Es macht keinen Unterschied, ob jemand an Gott glaubt oder nicht, solange er oder sie der Gesellschaft wirklich dient.

Frage: Es ist dir im Grunde oder?

Amma: Amma ist niemand egal.

Frage: Aber glaubst du, dass ihre Ansichten richtig sind?

Amma: Was macht es für einen Unterschied, was Amma glaubt, solange sie von ihrer Sichtweise überzeugt sind?

Frage: Amma, Du weichst mir aus, ohne meine Frage zu beantworten.

Amma: Du, meine Tochter, bedrängst Amma, um die Antwort zu bekommen, die du hören möchtest.

Frage: (lachend) Okay, Amma, ich will wissen, ob Atheismus nur eine intellektuelle Spielerei ist, oder ob in dem, was die Atheisten sagen, irgendein Sinn liegt.

Amma: Sinn und Sinnlosigkeit hängen von der eigenen Einstellung ab. Atheisten glauben fest daran, dass es keine höhere Macht oder Gott gibt. Einige von ihnen behaupten dies einfach nur öffentlich, obwohl sie in ihrem Inneren gläubig sind.

Solche intellektuellen Spielereien sind nichts Besonderes. Eine Person mit scharfem Intellekt kann die Existenz Gottes scheinbar beweisen oder auch widerlegen. Atheismus beruht auf Logik. Wie kann durch intellektuelle Abwandlungen nachgewiesen oder verworfen werden, dass Gott, der jenseits des Intellekts ist, existiert?

Frage: Das würde doch bedeuten Amma, dass ihre Ansichten über Gott nicht stimmen oder?

Amma: Ob es nun ihre Ansicht von Gott oder die von jemand anderem ist – sie treffen zwangsläufig nie zu, weil Gott nicht von einem bestimmten Winkel aus gesehen werden kann. Gott wird erst sichtbar, wenn alle Sichtweisen verschwunden sind. Die intellektuelle Logik kann benutzt werden, um etwas zu beweisen oder zu widerlegen. Aber das muss nicht immer die Wahrheit sein.

Angenommen, du sagst: ‚A hält nichts in seinen Händen. B hält auch nichts in seinen Händen. Ich sehe auch nichts in den Händen von C. Folglich hält niemand etwas in seinen Händen.' Dies ist logisch und hört sich richtig an, aber ist es wirklich so? Genauso verhält es sich mit intellektuellen Schlussfolgerungen.

Die heutigen Atheisten verschwenden viel Zeit damit, die Nichtexistenz Gottes zu beweisen. Wenn sie sich so sicher sind, warum machen sie sich dann so viele Gedanken? Anstatt intellektuelle Diskussionen zu führen, die nur destruktiv sind, sollten sie lieber etwas tun, was der Gesellschaft zugutekommt.

Frieden

Frau: Wie würde Amma den Begriff „Frieden" erklären?

Amma: Meinst du den Frieden im Inneren oder im Äußeren?

Frau: Ich will wissen, was wahrer Frieden ist.

Amma: Tochter, sag Amma zuerst, was du dir unter wahrem Frieden vorstellst.

Frau: Ich glaube, dass Frieden Glück ist.

Amma: Was aber ist wahres Glück? Ist es etwas, das du bekommst, wenn deine Wünsche erfüllt sind oder hast du eine andere Erklärung dafür?

Frau: Hmm. Es ist eine Stimmung, in die man kommt, wenn Wünsche erfüllt werden oder?

Amma: Solche Glücksgefühle sind jedoch schnell wieder verflogen. Du bist glücklich, wird ein bestimmter Wunsch erfüllt. Schon bald jedoch wird ein neuer Wunsch nachrücken, dem du dann als nächstes nachläufst. Dieser Kreislauf nimmt kein Ende, nicht wahr?

Frau: Das stimmt. Ist das Glücksgefühl im Inneren also wirkliches Glück?

Amma: In gewisser Weise schon. Aber wodurch kannst du dieses innere Glück spüren?

Frau: (lachend) Du versuchst mich in die Enge zu treiben.

Amma: Nein, wir kommen der Antwort, die du suchst, sehr nahe. Komm schon, Tochter, wie ist es möglich, innerlich Glück zu erfahren, wenn der Mind nicht still ist? Oder glaubst du, dass man wahren Frieden in dem Gefühl der Ruhe und Gelassenheit erfährt, wenn man Schokolade oder Eis isst?

Frau: (lachend) Oh nein, du ärgerst mich!

Amma: Nein, Tochter, Amma meint das ernst.

Frau: (nachdenklich) Das ist weder Frieden noch Glück. Das ist nur so eine Art Erregung oder Faszination.

Amma: Hält eine derartige Faszination lange an?

Frau: Nein, sie kommt und geht.

Amma: Nun sag Amma: Kann man ein Gefühl, das kommt und geht, wirklich oder dauerhaft nennen?

Frau: Eigentlich nicht.

Amma: Wie dann?

Frau: Das, was kommt und wieder geht, bezeichnet man normalerweise als „vorübergehend" oder „vergänglich".

Amma: Weil du das so sagst, lass Amma dich Folgendes fragen: Gab es Momente in deinem Leben, in denen du Frieden erfahren hast, einfach so ohne Grund?

Frau: (Nach einer kurzen Denkpause) Ja, ich saß einmal im Garten meines Hauses und beobachtete, wie die Sonne unterging. Das hat mein Herz mit Glück erfüllt. Das habe ich so noch nie erlebt. In diesem wunderschönen Moment bin ich einfach in einen Zustand der Gedankenlosigkeit geglitten und habe so viel Frieden und Freude in mir gespürt. Um diesen Moment noch einmal herzuholen, habe ich sogar ein Gedicht geschrieben, das dieses Erlebnis beschreibt.

Amma: Tochter, das ist die Antwort auf deine Frage. Frieden findet statt, wenn der Mind still ist, wenn er weniger Gedanken enthält. Weniger Gedanken bedeuten mehr Frieden und mehr Gedanken bedeuten weniger Frieden. Frieden oder Glück ohne Grund sind wahrer Frieden und wahres Glück.
      Frieden und Glück sind Synonyme. Je offener du bist, umso mehr Frieden oder Glück empfindest du und umgekehrt. Wenn man den Mind nicht bis zu einem gewissen Grad kontrolliert, ist es schwierig, wahren Frieden zu erlangen.
      Der wirkliche Weg, um äußeren Frieden zu finden, besteht darin, inneren Frieden zu finden. Die inneren und äußeren Bemühungen sollten Hand in Hand gehen.

Frau: Amma, wie beschreibst du Frieden vom spirituellen Standpunkt aus?

Amma: Es gibt keinen Unterschied zwischen spirituellem Frieden und weltlichem Frieden. Genauso wie Liebe eins ist, so ist auch Frieden eins. Ja, es gibt einen Unterschied je nachdem wie tief du nach Innen gehst. Stell dir den Mind als einen See vor; die Gedanken sind die kleinen Wellen auf dem See. Jeder einzelne Gedanke oder jede unruhige Bewegung ist wie ein Stein, den man ins Wasser wirft und unzählige Kreise um sich zieht. Ein meditativer Mind ist wie eine Lotusblüte, die auf diesem See treibt. Die Wellen der Gedanken wird es weiterhin geben, aber der Lotus bleibt von ihnen unberührt. Er treibt einfach dahin.

„Lass mich alleine! Ich will meinen Frieden!" ist ein Ausruf, den wir häufig hören, wenn sich manchmal zwei Leute streiten oder jemand von einer anderen Person bzw. einer Situation genervt ist.

Ist dies aber möglich? Selbst wenn wir diese Person alleine lassen, wird sie weder plötzlich Frieden erfahren, noch kann sie wirklich jemals alleine sein. Sie wird dann hinter verschlossen Türen sitzen, über alle Ereignisse grübeln und innerlich wird es weiter brodeln. Sie wird nach wie vor in ihrer unruhigen Gedankenwelt sein. Wirklicher Frieden ist ein tiefes Gefühl, welches das Herz umgibt, wenn wir frei von den Gedanken über die Vergangenheit sind.

Frieden ist nicht das Gegenteil von Aufregung. Es ist keine Aufregung mehr vorhanden. Er ist ein völlig entspannter und gelassener Zustand.

Die größte Lektion im Leben

Frage: Was ist die größte Lektion, die man im Leben lernen muss?

Amma: Sei mit der Welt verbunden, aber mit einer losgelösten Einstellung.

Frage: Wie passen Verbundenheit und Losgelöstheit zusammen?

Amma: Verbinde und lös dich, wie es dir beliebt – handle, dann lass los, und geh weiter...handle wieder, dann lass los und geh weiter. Deine Reise wird unbequem, wenn du zu viel Gepäck dabeihast, stimmt's? Ebenso macht überflüssiges Gepäck aus Sehnsüchten, Bindungen und Träumen, denen du ohne Unterscheidung nachgehst, deine Lebensreise sehr schwer.

Selbst große Feldherren, Diktatoren und Herrscher litten am Ende ihres Lebens schrecklich, weil sie solch unnötiges

Gepäck im Leben mit sich trugen. Nur die Kunst des Loslassens wird dir in dieser Zeit dabei helfen, mental gelassen und ruhig zu sein.

Alexander der Große war ein großer Krieger und Herrscher, der fast ein Drittel der Welt erobert hatte. Er wollte die gesamte Welt regieren, wurde jedoch im Kampf geschlagen und erkrankte unheilbar. Wenige Tage bevor er starb, rief Alexander seine Minister zu sich und erklärte ihnen, wie er bestattet werden wollte. Er sagte ihnen, dass beide Seiten seines Sarges mit einer Öffnung versehen werden sollten, durch die dann seine Arme mit den Handflächen nach oben gekehrt herausschauen. Die Minister fragten ihn, warum er dies wünschte. Alexander erwiderte, dass auf diese Weise jeder sieht, dass der große Alexander, der sein ganzes Leben lang danach strebte, die Welt zu erobern und zu besitzen, diese mit leeren Händen verlassen hatte. Er hatte nicht einmal seinen eigenen Körper mit sich genommen. Auf diese Weise würden die Menschen verstehen, wie nutzlos es ist, das ganze Leben damit zu verbringen, hinter der Welt und ihren Objekten herzujagen.

Schließlich können wir am Ende nichts mit uns nehmen, nicht einmal unseren eigenen Körper. Was nützt es uns also, sich zu sehr an etwas zu binden?

Kunst und Musik

Frage: Amma, als Künstlerin, als Musikerin, würde ich gerne wissen, mit welcher Haltung ich meinen Beruf ausüben soll und wie ich immer mehr meine musikalischen Talente zum Ausdruck bringen kann?

Amma: Kunst ist die Schönheit Gottes, die sich in der Form von Musik, Malerei, Tanz usw. manifestiert. Sie ist einer der einfachsten Wege, um die eigene innewohnende Göttlichkeit zu verwirklichen.

Es gibt viele Heilige, die Gott durch Musik fanden. Als Musikerin bist du also besonders gesegnet. In Bezug auf deinen Beruf rate ich dir, ein Anfänger, ein Kind vor Gott, vor dem Göttlichen zu sein. Das ermöglicht dir, die unbegrenzten Möglichkeiten deines Minds zu erschließen. Das wiederum wird dir dabei helfen, mehr und mehr deine musikalischen Talente noch viel tiefer zum Ausdruck zu bringen.

Frage: Aber Amma, wie ist man ein Kind, ein Anfänger?

Amma: Wenn du deine Unwissenheit einfach annimmst und anerkennst, dann wirst du von selbst zum Anfänger.

Frage: Das verstehe ich, ich bin aber nicht völlig unwissend. Ich bin eine ausgebildete Musikerin.

Amma: Wie lange hat deine Ausbildung gedauert?

Frage: Ich habe sechs Jahre lang Musik studiert und stehe seit 14 Jahren auf der Bühne.

Amma: Wie weit ist der Raum?

Frage: (ein wenig verwirrt) Ich verstehe deine Frage nicht.

Amma: (lächelnd) Du verstehst die Frage nicht, weil du den Raum nicht verstehst, richtig?

Frage: (achselzuckend) Vielleicht.

Amma: Vielleicht?

Frage: Aber was ist denn der Zusammenhang zwischen meiner Frage und der Frage bezüglich des Raums?

Amma: Es besteht ein Zusammenhang. Reine Musik ist so weit wie der Raum. Sie ist Gott. Sie ist reines Wissen. Sie ist im Geheimen verborgen und wird offenbar, wenn du zulassen kannst, dass der reine Klang des Universums durch dich hindurchfließt. Du kannst Musik nicht in 20 Jahren erlernen. Du hast vielleicht die letzten 20 Jahre lang gesungen, aber Musik wirklich zu verstehen heißt, dein eigenes Selbst als Musik zu erkennen. Um Musik als dein Selbst zu erkennen, musst du zulassen, dass sie völlig Besitz von dir ergreift. Damit mehr Musik dein Herz ergreifen kann, musst du mehr Raum im Inneren schaffen. Mehr Gedanken bedeuten weniger Raum. Jetzt denke einmal über folgende Frage nach: „Wie viel Raum ist in mir, der für reine Musik zur Verfügung steht?"

Ist es wirklich dein Wunsch, mehr und mehr deine musikalischen Talente zu manifestieren, dann vermindere unnötigen Gedanken und lasse zu, dass sich dein Innenraum erweitert, damit die Energie der Musik hineinfließen kann.

Die Quelle reiner Liebe

Frage: Amma, wie kann man lernen reine, unschuldige Liebe zu empfinden, wie du immer sagst?

Amma: Man kann nur etwas lernen, was einem fremd ist. Liebe aber ist dein wahres Wesen. In dir befindet sich eine Quelle der Liebe. Erschließe diese Quelle und die Śhakti göttlicher Liebe wird dein Herz erfüllen und sich endlos in dir ausdehnen. Du kannst dies nicht selbst bewirken; du kannst nur die richtige Haltung in dir entwickeln, damit es von selbst passieren kann.

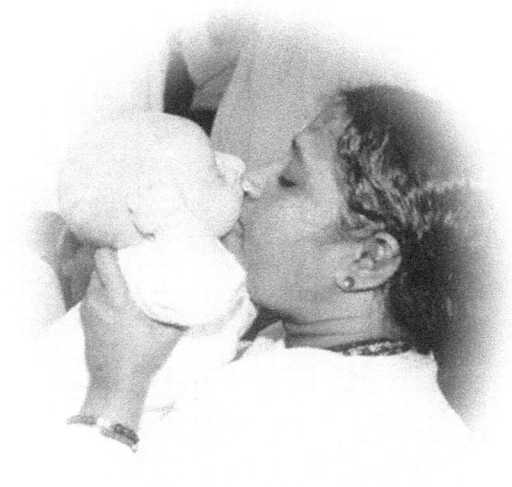

Warum umarmst du die Menschen?

Frage: Amma, du umarmst alle. Wer umarmt dich?

Amma: Die gesamte Schöpfung umarmt Amma. Tatsächlich befinden sich Amma und die Schöpfung in einer ewigen Umarmung.

Frage: Amma, warum umarmst du Menschen?

Amma: Diese Frage ist, wie wenn man den Fluss frägt: „Warum fließt du?"

Jeder Augenblick eine kostbare Lektion

Der Morgen Darśhan war in vollem Gange. Amma hatte gerade alle Fragen ihrer Kinder beantwortet – es war eine lange Schlange. Mit einem tiefen Seufzer wollte ich mich gerade etwas ausruhen, als plötzlich ein Devotee zu mir kam und mir einen Zettel reichte. Es war eine weitere Frage. Um ehrlich zu sein war ich etwas gereizt. Ich nahm den Zettel aus seiner Hand und fragte: „Kannst du bis morgen warten? Heute Morgen gibt es keine weiteren Fragen mehr."

Er sagte: „Es ist wichtig. Warum fragst du nicht jetzt?" Ich hatte das Gefühl, dass er fordernd war, vielleicht bildete ich es mir aber auch nur ein.

„Muss ich dir das erklären?" entgegnete ich.

Er gab nicht auf. „Das musst du nicht. Aber warum kannst du Amma nicht fragen? Vielleicht ist Amma bereit, meine Frage zu beantworten."

Jetzt ignorierte ich ihn einfach und schaute in die andere Richtung. Amma gab noch Darśhan. Unser Streit fand hinter dem Darśhan-Stuhl statt. Wir beide sprachen mit sanftem, aber bestimmtem Ton.

Plötzlich drehte sich Amma um und fragte mich: „Bist du erschöpft? Bist du müde? Hast du schon gegessen?" Ich war erstaunt und zugleich beschämt, weil sie die Unterhaltung mitgehört hatte. Ich war wirklich einfältig, ich hätte es besser wissen müssen. Auch wenn Amma Darśhan gab und wir leise sprachen – ihre Augen, Ohren und ihr ganzer Körper sehen, hören und fühlen alles.

Amma fuhr fort: „Wenn du müde bist, dann ruh dich aus, aber kümmere dich zuerst um die Frage dieses Sohnes. Lerne rücksichtsvoll zu sein. Sei nicht besessen von dem, was du für richtig hältst."

Ich entschuldigte mich bei dem Mann und nahm seine Frage entgegen. Amma beantwortete die Frage liebevoll und der Mann zog sich zufrieden zurück. Natürlich war die Frage wichtig, wie er schon gesagt hatte.

Nachdem er weg war sagte Amma: „Schau her, Sohn: Reagierst du auf jemanden negativ, hast du unrecht und der andere höchstwahrscheinlich recht. Er oder sie sind in einer besseren Verfassung und können die Situation klarer beurteilen. Zu reagieren macht blind. Reagierst du, dann verhindert das , den Standpunkt anderer zu sehen und ihre Gefühle zu verstehen.

Ehe du auf eine bestimmte Situation reagierst, kannst du innehalten und zu deinem Gegenüber sagen: ‚Gib mir etwas Zeit, um dir zu antworten. Lass mich über das, was du gesagt hast, nachdenken. Vielleicht hast du recht und ich habe unrecht. '

Wenn du den Mut hast, das zu sagen, dann achtest du wenigstens die Gefühle des anderen. Dies wird dir viele spätere Unannehmlichkeiten ersparen."

So wurde ich Zeuge einer weiteren, unschätzbar wertvollen Lektion der großen Meisterin. Ich war voller Demut.

Ein verwirklichten
Wesen verstehen

Frage: Ist es möglich, einen Mahātmā mit unserem Mind zu verstehen?

Amma: Ein Mahātmā kann nicht verstanden werden. Er kann nur erfahren werden. Mit seiner schwankenden und zweifelnden Natur kann der Mind nichts wahrnehmen, wie es ist, selbst wenn es ein weltlicher Gegenstand ist. Willst du zum Beispiel eine Blume wirklich erfahren, hält der Mind inne und etwas Größeres setzt ein.

Frage: Amma, Du hast gesagt: „Der Mind hält inne und etwas Größeres setzt ein." Was ist das?

Amma: Nennen wir es das Herz, aber eigentlich ist es ein vorübergehender Zustand tiefer Stille – einer Stille im Mind, ein Stillstand des Gedankenflusses.

Frage: Amma, wenn du „Mind" sagst, was meinst du damit? Sind damit nur die Gedanken gemeint oder steht er für noch mehr?

Amma: Der Mind ist die Erinnerung, d.h. die Lagerstätte der Vergangenheit, Gedanken, Zweifeln, Entscheidungen und das „Ich"-Gefühl.

Frage: Was ist mit all den Gefühlen?

Amma: Auch die sind ein Teil des Minds.

Frage: Okay, wenn du also sagst „der Mind kann einen Mahātmā nicht verstehen", dann meinst du, dass dieser komplexe Mechanismus den Zustand, in dem sich ein Mahātmā befindet, nicht nachvollzogen werden kann.

Amma: Ja. Der menschliche Mind ist so unberechenbar und raffiniert. Es ist für einen Wahrheitssuchenden sehr wichtig zu wissen, dass er oder sie einen Satguru nicht erkennen kann. Es gibt keine Kriterien dafür. Ein Betrunkener kann einen anderen Betrunkenen erkennen. Auch zwei Zocker werden sich untereinander verstehen. Ein Geizkragen erkennt einen anderen Geizkragen. Sie haben alle einen ähnlichen Mind. Es gibt jedoch keine solchen Kriterien, die auf einen Satguru passen. Weder unsere äußeren Augen noch unser Mind kann ein großes Wesen erkennen. Dafür bedarf es einer speziellen Schulung in Form von Sādhanā. Nur konstantes Sādhanā wird uns dabei helfen, die Kraft zu entwickeln, um durch die Oberfläche zu dringen und tiefer zu gelangen. Hast du einmal die Oberfläche des Minds durchdrungen, wirst du mit zahllosen Schichten von Emotionen und Gedanken konfrontiert. Um diese hochkomplizierten, groben und feinen Ebenen des Minds zu durchdringen und über sie hinaus zu gehen, braucht der Sādhak die ständige Anleitung durch einen Satguru. Einzutauchen in die tieferen Ebenen des Minds, hindurchzugehen durch die verschiedenen Schichten und erfolgreich herauszukommen, nennt man Tapas (Enthaltsamkeit). Dies und damit auch die endgültige Überwindung ist nur durch die bedingungslose Gnade eines Satgurus möglich.

Der Mind hat immer Erwartungen welche die eigentliche Existenz des Minds erst ausmachen. Ein Mahātmā wird den Erwartungen und Sehnsüchten des Minds nicht nachgehen. Um das reine Bewusstsein eines Meisters zu erfahren, muss sich der Mind auflösen.

Amma, unerschöpfliche Energie

Frage: Amma, möchtest du jemals mit deiner Arbeit, aufhören?

Amma: Was Amma tut, ist nicht Arbeit. Es ist die Verehrung des Göttlichen. Verehrung geschieht aus reiner Liebe. Deshalb ist es keine Arbeit. Amma verehrt ihre Kinder als Gott. Kinder, ihr alle seid Ammas Gott.

Liebe ist nicht kompliziert. Sie ist einfach, spontan und tatsächlich unsere wahre Natur. Deshalb ist es keine Arbeit. Was Amma angeht, ist das persönliche Umarmen ihrer Kinder die einfachste Form, um ihre Liebe zu ihnen und zur gesamten Schöpfung auszudrücken. Arbeit ist ermüdend und verbraucht deine Energie; Liebe hingegen kann nie ermüdend oder langweilig sein. Im Gegenteil, sie füllt dein Herz ständig mit mehr und immer mehr Energie. Reine Liebe macht dich so leicht wie eine Blume. Du spürst keine Schwere oder Last, diese werden nur vom Ego erzeugt.

Die Sonne hört nie auf zu scheinen; der Wind wird ewig wehen und auch der Fluss hört nicht zu fließen auf und sagt: „Genug ist genug! Ich verrichte seit Ewigkeiten die gleiche Arbeit; jetzt muss sich etwas ändern." Nein, sie können niemals aufhören. Sie werden damit weitermachen, so lange die Welt existiert, weil das ihre Natur ist. Ebenso kann auch Amma nicht aufhören ihre Kinder zu lieben, es wird niemals langweilig.

Langeweile kommt nur auf, wenn keine Liebe da ist. Dann brauchst du ständig Abwechslung – von einem Ort zum anderen, von einer Sache zur anderen. Aber da, wo Liebe ist, veraltet nichts, alles bleibt ewig neu und frisch. Für Amma ist der jetzige Moment viel wichtiger als das, was es morgen zu tun gibt.

Frage: Heißt das, dass du noch jahrelang Darśhan geben wirst?

Amma: So lange diese Hände sich noch ein bewegen können und sich denen entgegenstrecken können, die zu ihr kommen, so lange ein wenig Kraft und Energie vorhanden ist, um ihre Hände auf die Schulter einer weinenden Person zu legen und sie zu streicheln und ihre Tränen zu trocknen wird Amma weiter Darśhan geben. Es ist Ammas Wunsch, sich Menschen zuzuwenden, sich ihrer Probleme anzunehmen und ihre Tränen zu trocknen, bis diese sterbliche Hülle vergeht.

Amma gibt seit 35 Jahren Darśhan. Durch die Gnade des *Paramātman* (höchste, alles durchdringende Seele) musste Amma bis jetzt keinen einzigen Darśhan und keine einzige Veranstaltung wegen gesundheitlicher Probleme absagen. Amma sorgt sich nicht um den nächsten Moment. Liebe ist im Hier und Jetzt, Freude ist in dem jetzigen Augenblick, Gott ist in der Gegenwart und Verwirklichung ist auch in gegenwärtigem Moment. Warum sollte sich Amma also unnötige Sorgen über die Zukunft machen? Alles was jetzt hier und jetzt geschieht, ist wichtiger als das, was erst noch geschehen wird. Ist der gegenwärtige Augenblick so wunderschön und erfüllt, warum sollte man sich dann um die Zukunft sorgen? Lass die Zukunft sich von selbst aus der Gegenwart heraus entfalten.

Der verlorene Sohn

Dr. Jaggu ist ein Bewohner von Ammas Āśhram in Indien. Vor kurzem hatte ihm seine Familie das nötige Geld gegeben, um mit Amma nach Europa zu reisen. Die Ausstellung seines Visums dauerte zu lange und so hatten Amma und die Tour-Gruppe Indien bereits verlassen. Wir freuten uns jedoch alle darauf, dass Jaggu in Belgien zu uns stoßen würde.

Es war Jaggus erste Auslandsreise. Er war noch nie mit einem Flugzeug geflogen. Deshalb arrangierten wir alles, um ihn rechtzeitig vom Flughafen abzuholen. Devotees warteten am Flughafenausgang, aber Jaggu kam nicht. Das Flughafenpersonal bestätigte, dass sich ein Passagier namens Jaggu auf dem Flug von London-Heathrow befunden hatte. Sie sagten, dass er bereits um 16.00 Uhr in Brüssel gelandet war. Vier Stunden waren seit der Landung vergangen und immer noch gab es keine Nachricht von Dr. Jaggu.

Die Devotees suchten mithilfe des Flughafenpersonals das gesamte Flughafengelände ab. Jaggus Name wurde mehrmals auf den Anzeigetafeln des Flughafens angezeigt. Doch jegliche Rückmeldung blieb aus und es fehlte weiterhin jede Spur von ihm.

Schließlich mussten wir annehmen, dass wir Dr. Jaggu verloren hatten – entweder in dem riesigen Flughafen oder in Brüssel, wo er vielleicht verzweifelt versuchte, irgendwie zur Veranstaltung zu gelangen.

In der Zwischenzeit probte Amma, die mitten in der Tour-Gruppe saß, freudetrunken ein paar neue Bhajans (spirituelle Lieder). Weil wir alle ein wenig besorgt und ängstlich wegen

Jaggus plötzlichem Verschwinden waren, unterbrach ich das Singen, um Amma die Neuigkeiten mitzuteilen. Ich erwartete, dass sie große mütterliche Besorgnis zeigen würde. Aber zu meinem Erstaunen drehte sich Amma um und sagte nur: „Komm, sing das nächste Lied."

Ich deutete das als gutes Zeichen. Als ich sah, wie gelassen Amma reagierte, sagte ich zu den Devotees: „Ich glaube, dass Jaggu in Sicherheit ist. Wenn irgendetwas nicht stimmt, hätte sich Amma sicher Sorgen gemacht."

Nur wenige Minuten später kam Brahmachārī Dayamrita herein und verkündete: „Jaggu ist gerade eben am Vordereingang aufgetaucht." Fast im selben Moment betrat Dr. Jaggu mit einem breiten Grinsen den Raum.

Wie Jaggu nun in seiner abenteuerlichen Geschichte erzählte, war er wirklich verloren gegangen. Er sagte: „Als ich aus dem Flughafen herauskam, war niemand da. Ich wusste nicht, was ich tun sollte. Obwohl ich etwas besorgt war, glaubte ich fest daran, dass Amma mir jemanden schickt, um mich aus dem Schlamassel zu retten. Zum Glück hatte ich die Adresse des Veranstaltungsortes. Ein Ehepaar hatte Mitleid mit mir und half mir hierher zu kommen."

Amma sagte: „Amma wusste ganz genau, dass es dir gut geht und du deinen Weg hierher findest. Deshalb ist Amma ruhig geblieben, als man ihr sagte, dass du verschwunden bist."

Später an diesem Abend fragte ich Amma, wie sie wusste, dass Jaggu in Sicherheit war. Sie sagte: „Amma wusste es einfach."

„Aber wie?" Meine Neugier war geweckt.

Amma sagte: „So wie du dein Abbild in einem Spiegel siehst, so konnte Amma ihn in Sicherheit sehen."

Ich fragte: „Hast du gesehen, dass Jaggu Hilfe bekam oder das Ehepaar dazu inspiriert ihm zu helfen?" Obwohl ich es noch ein paar Mal versuchte, wollte Amma nichts weiter dazu sagen.

Gewalt

Frage: Amma, sind Gewalt und Krieg ein Mittel um Frieden zu erreichen?

Amma: Durch Krieg wird man nie Frieden erreichen. Dies ist eine unumstößliche Tatsache, welche die Geschichte uns lehrt. Solange keine Transformation im eigenen Bewusstsein stattfindet, wird Frieden eine entfernte Hoffnung bleiben. Nur spirituelles Denken und Leben bringt solch eine Transformation. Daher werden wir niemals eine bestimmte Situation durch Krieg zum Guten zu wenden.

Frieden und Gewalt sind zwei Gegensätze. Gewalt ist heftige Reaktion und keine wohlüberlegte Handlung, die auf das eigentliche Problem eingeht. Eine Reaktion löst weitere Reaktionen aus. Das ist logisch. Amma hat gehört, dass es in England früher einmal eine ganz seltsame Art gab um Diebe zu bestrafen. Man brachte den Angeklagten zu einer Straßenkreuzung und peitschte dann seinen nackten Körper vor versammelter Menge aus. Dadurch wollte man den Bewohner der Stadt zeigen, was für eine harte Bestrafung sie erwartet, wenn sie ein Verbrechen begehen. Bald mussten sie dieses System jedoch ändern, weil diese Ereignisse eine wunderbare Gelegenheit für Taschendiebe kreierten. Sie nutzten diese Ansammlungen, um die Geldbeutel derjenigen zu klauen, die ganz in das Geschehen vertieft waren. Der Ort der Bestrafung war selbst zu einer Brutstätte des Verbrechens geworden.

Frage: Soll das heißen, dass es gar keine Bestrafungen geben sollte?

Amma: Nein, nein, überhaupt nicht. Da der Großteil der Weltbevölkerung nicht versteht, wie man Freiheit so nutzt, dass sie der Gesellschaft zugutekommt, ist ein gewisses Maß an Furcht – „Ich werde bestraft werden, wenn ich mich nicht an das Gesetz halte" – gut. Den Weg der Gewalt und des Krieges zu wählen, um Frieden und Harmonie in der Gesellschaft herzustellen, ist jedoch nicht sehr wirkungsvoll. Das ist ganz einfach deswegen so, weil Gewalt tiefe Wunden und verletzte Gefühle in einer Gesellschaft hinterlässt, was sich dann später in noch schlimmerer Gewalt und Konflikten zeigt.

Frage: Wie sieht dann die Lösung aus?

Amma: Tue was immer du kannst, um dein eigenes Bewusstsein zu erweitern. Nur durch ein erweitertes Bewusstsein kann sich wahres Verständnis entwickeln. Nur solche Leute können die negative Entwicklung der Gesellschaft ändern. Darum ist Spiritualität so wichtig in der heutigen Welt.

Unwissenheit ist das Problem

Frage: Gibt es einen Unterschied zwischen den Problemen der Menschen in Indien und denen der Menschen im Westen?

Amma: Äußerlich betrachtet unterscheiden sich die Probleme der Menschen in Indien von denen der Menschen im Westen. Das grundlegende Problem jedoch, die Wurzel aller Probleme, ist überall auf der Welt das gleiche. Es ist Unwissenheit, die Unkenntnis vom Ātman (dem Selbst), unsere grundlegende Natur.

Die heutige Welt kennzeichnet, dass sich die Menschen zu sehr um ihre physische und zu wenig um ihre spirituelle Sicherheit sorgen. Dieser Fokus sollte sich ändern. Amma sagt nicht, dass die Leute sich nicht um ihren Körper und ihre physische Existenz kümmern sollten. Nein, das ist nicht der Punkt. Wie auch immer das grundlegende Problem ist, dass die Menschen das Unvergängliche mit dem Vergänglichen verwechseln. Dem vergänglichen Körper wird zu viel Bedeutung beigemessen und das Unvergängliche, der Ātman, wird völlig vergessen. Diese Einstellung sollte sich ändern.

Frage: Siehst du Möglichkeiten für eine Veränderung in unserer Gesellschaft?

Amma: Möglichkeiten gibt es immer. Die entscheidende Frage ist, ob die Gesellschaft und die individuellen Personen sich ändern wollen.

In der Schule bekommen alle Schüler die gleiche Chance. Wie viel ein Schüler lernt hängt jedoch davon ab, wie empfänglich er oder sie ist.

In der heutigen Welt will jeder, dass sich die anderen zuerst ändern. Es ist schwer Leute zu finden, die wirklich davon ausgehen, dass sie sich selbst verändern müssen. Anstatt zu denken, dass andere sich zuerst ändern, sollte alle bestrebt sein sich selbst zu ändern. Solange sich die innere Welt nicht wandelt, wird auch die äußere Welt mehr oder weniger die Gleiche bleiben.

Eine Interpretation von Demut

Zu einem Devotee, der eine Frage über Demut stellt.

Amma: Wenn wir sagen: „Diese Person ist so demütig", dann heißt das im Prinzip: „Er hat mein Ego gestärkt und mir dabei geholfen, es aufrecht zu erhalten. Er hat es dabei völlig unversehrt gelassen. Ich wollte, dass er etwas für mich tut und er hat es ohne irgendwelche Einwände ausgeführt. Deshalb ist er ein demütiger Mensch." Genau das heißt das nämlich wirklich. Sobald jedoch diese „demütige Person" ihren Mund aufmacht und uns hinterfragt, selbst wenn sie allen Grund dazu hat, ändern wir unsere Meinung. Nun werden wir sagen: „Er ist nicht so demütig, wie ich dachte." Das heißt so viel wie: „Er hat mein Ego verletzt und deshalb ist er nicht demütig."

Sind wir besonders?

Reporter: Amma, findest du dass die Menschen dieses Landes besonders sind?

Amma: Für Amma ist die ganze Menschheit, die ganze Schöpfung sehr besonders, weil die Göttlichkeit in allem ist. Amma sieht diese Göttlichkeit auch in den Menschen hier. Ihr seid also alle besonders.

SELBSThilfe oder Selbsthilfe

Frage: Methoden zur Selbsthilfe und Bücher über Selbsthilfe sind in der westlichen Gesellschaft recht beliebt. Amma, könntest du uns bitte deine Gedanken dazu mitteilen?

Amma: Alles hängt davon ab, wie man Selbsthilfe interpretiert.

Frage: Was meinst du damit?

Amma: Ist es SELBSThilfe oder Selbsthilfe?

Frage: Was ist da der Unterschied?

Amma: Wahre SELBSThilfe hilft deinem Herz sich zu öffnen; während Selbsthilfe dein Ego stärkt.

Frage: Was rätst du uns also, Amma?

Amma: Amma würde sagen „Akzeptiere die Wahrheit."

Frage: Ich verstehe nicht ganz...

Amma: Das ist es, was das Ego tut. Es hindert dich daran, die Wahrheit zu akzeptieren oder überhaupt irgendetwas so zu verstehen, wie es gemeint ist.

Frage: Wie kann ich die Wahrheit erkennen?

Amma: Um die Wahrheit zu erkennen, musst du zuerst das Falsche erkennen.

Frage: Ist das Ego wirklich eine Illusion?

Amma: Wirst du es akzeptieren, wenn Amma sagt, dass es so ist?

Frage: Hmm...wenn du willst.

Amma: (lachend) Wenn Amma es will? Die Frage ist willst *du* die Wahrheit hören und sie akzeptieren?

Frage: Ja, ich will die Wahrheit hören und sie akzeptieren.

Amma: Dann ist die Wahrheit Gott.

Frage: Das heißt, dass das Ego unwirklich ist; stimmt doch oder?

Amma: Das Ego ist unwirklich. Es ist die Quelle der Probleme in dir.

Frage: Also begleiten diese Sorgen jeden überall mit hin.

Amma: Ja, der Mensch wird zum „mobilen Sorgenkind.".

Frage: Was ist dann der nächste Schritt?

Amma: Willst du dein Ego stärken, dann hilf dir selbst dabei, stärker zu werden. Willst du aber SELBSThilfe, dann suche die Hilfe Gottes.

Frage: Viele Menschen haben Angst davor ihr Ego zu verlieren. Sie glauben, dass sie auf das Ego angewiesen sind, um in der Welt zu existieren.

Amma: Suchst du wirklich Gottes Hilfe, um dein wahres Selbst zu entdecken, dann brauchst du keine Angst davor haben, dein Ego, dein kleines Selbst zu verlieren

Frage: Stärken wir das Ego, dann machen wir weltliche Gewinne. Die ist direkt und unmittelbar erfahrbar. Verlieren wir hingegen unser Ego, erfahren wir dies nicht so schnell und direkt.

Amma: Deshalb ist auf dem Weg zum wahren Selbst Glaube so wichtig. Damit alles gut funktioniert und das richtige Resultat hervorgebracht wird, sollte der richtige Kontakt hergestellt und auf die richtigen Quellen zurückgegriffen werden. Der Kontaktpunkt und die Quelle finden wir in der Spiritualität in unserem Inneren. Berühre diesen Punkt und die Erfahrung wird dann direkt und unmittelbar folgen.

Das Ego ist nur eine kleine Flamme

Amma: Das Ego ist eine sehr kleine Flamme, die jeden Moment ausgelöscht werden kann.

Frage: Was meinst du mit Ego in diesem Zusammenhang?

Amma: Alles was du ansammelst – Name, Ansehen, Geld, Macht, Position – ist nichts anderes als die kleine Flamme des Egos, die jeden Moment ausgelöscht werden kann. Auch der Körper und der Mind sind ein Teil des Egos. Sie alle sind von Natur aus unbeständig. Deshalb sind auch sie ein Teil dieser unbedeutenden Flamme.

Frage: Amma, diese Dinge sind jedoch sehr wichtig für einen normalen Menschen.

Amma: Natürlich sind sie wichtig. Das heißt aber nicht, dass sie auch beständig sind. Sie sind unbedeutend, weil sie nicht dauerhaft sind. Jeden Moment kannst du sie verlieren. Die Zeit wird sie dir wegschnappen, ohne dich zuvor zu warnen. Sie zu nutzen und sie zu genießen ist in Ordnung. Aber zu glauben, dass sie beständig sind, ist eine falsches Konzept. Mit anderen Worten: Sei dir dessen bewusst, dass sie vergänglich sind und sei nicht allzu stolz darauf.

Das Wichtigste im Leben ist, dass du deine innere Verbindung mit dem Dauerhaften und Unveränderlichen, mit Gott oder dem Selbst, aufbaust. Gott ist die Quelle, das wahre

Zentrum unseres Lebens und unserer Existenz. Alles andere ist nur die Peripherie. Wahre Selbst-Hilfe geschieht nur, indem du dich mit Gott verbindest, dem wahren Bindu (Mittelpunkt) und nicht mit der Peripherie.

Frage: Amma, gewinnen wir irgendetwas dabei, wenn wir diese kleine Flamme des Egos auslöschen? Im Gegenteil verlieren wir doch vielleicht sogar unsere Identität als Individuum.

Amma: Natürlich, löschst du die kleine Flamme des Egos, verlierst du deine Identität als kleines, begrenztes Individuum. Das ist jedoch absolut gar nichts im Vergleich mit dem, was du aufgrund dieses scheinbaren Verlustes gewinnst: die Sonne reinen Wissens, das unauslöschbare Licht. Verlierst du deine Identität als kleines, beschränktes Selbst, wirst du Eins mit dem, was größer als das Größte ist, dem Universum, dem unendlichem Bewusstsein. Um dies zu erfahren, brauchst du die ständige Begleitung eines Satguru.

Frage: Die Identität verlieren! Das hört sich nach einer furchtbaren Erfahrung an?

Amma: Man verliert nur sein kleines Selbst. Unser wahres Selbst kann man nie verlieren. Es erscheint nur so furchtbar, weil du stark mit deinem Ego identifiziert bist. Je größer das Ego ist, umso mehr fürchtest du dich und umso verletzlicher bist du auch.

Nachrichten

Journalist: Amma, was hältst du von Fernsehnachrichten und den Nachrichten in verschiedenen-Medien?

Amma: Sehr viel, wenn sie ihrer Verantwortung für die Gesellschaft ehrlich und wahrheitsgetreu nachkommen, dann leisten sie großen Dienst an der Menschheit.

Amma kennt eine Geschichte: Es wurde einmal eine Gruppe von Männern in einen Wald geschickt, um dort ein Jahr lang zu arbeiten. Zwei Frauen sollten für sie kochen. Als der Vertrag abgelaufen war, hatten zwei der Arbeiter die zwei Frauen geheiratet. Am nächsten Tag stand in den Schlagzeilen: „Zwei Prozent der Männer heiraten 100 Prozent der Frauen!"

Die Geschichte gefiel dem Journalisten, er lachte herzlich über sie.

Amma: So eine Berichterstattung ist okay, wenn es sich um einen Scherz handelt, aber nicht in einem ernsthaften Bericht.

Der Schokoladenkuss und das dritte Auge

Ein Devotee war eingenickt, während er versuchte zu meditieren. Amma warf ein Schokoladenkonfekt auf ihn. Die Schokolade traf direkt auf die Stelle zwischen seinen Augenbrauen. Der Mann öffnete ruckartig seine Augen. Mit der Schokolade in der Hand blickte der Mann um sich um herauszufinden, woher sie gekommen war. Seine Notlage bemerkend musste Amma lachen. Als er bemerkte, dass Amma es geworfen hatte, erhellte sich das Gesicht des Mannes. Er berührte die Schokolade mit seiner Stirn, so als ob er sich vor ihr verneigen würde. Aber im nächsten Moment lachte er laut auf, erhob sich von seinem Platz und ging vor zu Amma.

Mann: Das Konfekt hat zwischen den Augenbrauen die richtige Stelle getroffen, das spirituelle Zentrum. Vielleicht hilft es, dass sich mein drittes Auge öffnet.

Amma: Das wird es nicht.

Mann: Warum?

Amma: Weil du „vielleicht" gesagt hast; Das heißt, dass du daran zweifelst. Dein Glaube ist nicht vollkommen. Wie kann es geschehen, wenn du keinen Glauben hast?

Mann: Sagst du also, dass es vielleicht passiert wäre, hätte ich es vollkommen geglaubt?

Amma: Ja, wenn du vollkommenen Glauben hast, kann die Verwirklichung jederzeit, an jedem Ort eintreten.

Mann: Meinst Du das ernst?

Amma: Ja, natürlich.

Mann: Oh Gott...habe ich eine großartige Gelegenheit verpasst?

Amma: Keine Sorge, sei wach und bleib im hier und jetzt. Gelegenheiten werden immer wieder kommen. Sei geduldig und bemühe dich weiterhin.

Der Mann sah ein wenig enttäuscht aus und drehte sich um, um wieder auf seinen Platz zu gehen.

Amma: (während sie auf seinen Rücken tippte) Übrigens, warum hast du laut losgelacht?

Als er die Frage hörte, brach der Devotee erneut in Gelächter aus.

Mann: Als ich so in meiner Meditation vor mich hinschlummerte, hatte ich einen wunderbaren Traum. Ich habe geträumt, dass du ein Schokoladenkonfekt wirfst um mich aufzuwecken. Dann wachte ich plötzlich auf. Ich habe ein paar Momente gebraucht um zu verstehen, dass du wirklich ein Schokoladenkonfekt geworfen hast.

Mit dem Mann zusammen brachen auch Amma und alle Devotees, die um sie saßen, in Gelächter aus.

Ein Mahātmā ist wie ein Spiegel

Frage: Gibt es irgendetwas, das dich besonders freut oder Sorgen bereitet?

Amma: Die äußere Amma ist besorgt um das Wohl ihrer Kinder. Wenn es das spirituelle Wachstum ihrer Kinder fördert, kann sie ihnen sogar manchmal erfreut oder ärgerlich erscheinen. Die innere Amma ist jedoch gelassen, losgelöst und verweilt in einem Zustand ununterbrochener Glückseligkeit und andauerndem Frieden. Sie wird durch nichts beeinträchtigt, was äußerlich geschieht, weil sie stets das vollkommene Gesamtbild sieht.

Frage: Der höchste Bewusstseinszustand wird mit so vielen verschiedenen Adjektiven beschrieben. Zum Beispiel: unerschütterlich, standhaft, unbeweglich, unveränderbar, usw. Das klingt als wäre es ein harter, felsenartiger Zustand. Amma, bitte hilf mir ihn besser zu verstehen.

Amma: Diese Worte werden verwendet, um den inneren Zustand der Losgelöstheit zu vermitteln. Sie umschreiben die Fähigkeit, ein Betrachter, ein Zeuge von allem zu bleiben, indem man sich von allen Lebensumständen distanziert.

Wie dem auch sei, Verwirklichung ist kein felsenartiger Zustand, in dem man alle inneren Gefühle verliert. Es ist eine spirituelle Fähigkeit, ein Zustand des Minds, in den du dich immer zurückziehen und dich darin vertiefen kannst. Hast du den Zugang zu der grenzenlosen Energiequelle gefunden, dann erstrahlen deine Gefühle und deine Ausdrucksweise in einer besonderen, überirdischen Schönheit und Tiefe. Wenn eine verwirklichte Person dies wünscht, kann sie Emotionen frei nach ihrem Belieben in jeglicher Intensität ausdrücken.

Śhrī Rāma weinte, als der Dämonenkönig Rāvaṇa seine heilige Gefährtin Sītā gefangen nahm. Er hat sogar wie ein gewöhnlicher Sterblicher geweint. Jedes Tier und jede Pflanze des Waldes hat er gefragt: „Hast du meine Sītā gesehen? Sie hat mich ganz alleine zurückgelassen. Wo ist sie nur hingegangen?" Kṛiṣhṇas Augen waren mit Tränen gefüllt, als er seinen Freund Sudama nach einer sehr langen Zeit wieder sah. Auch in den Leben von Christus und Buddha gibt es ähnliche Vorfälle. Diese Mahātmās waren so weit wie der grenzenlose Raum und konnten daher jedes Gefühl nach Belieben widerspiegeln. Sie waren reflektierend, nicht reaktiv.

Frage: Reflektierend?

Amma: Mahātmās gehen vollkommen spontan auf Situationen ein, wie ein Spiegel. Wenn du isst, dann gehst du auf dein Hungergefühl ein. Greifst du hingegen immer zu, wenn du etwas zu essen siehst, ist das eine Reaktion. Es ist auch eine Krankheit. Ein Mahātmā geht auf eine bestimmte Situation ein, bleibt von ihr unberührt und geht dann zum nächsten Moment über.

Der spirituelle Glanz und Ruhm eines verwirklichten Wesens erscheinen nur noch strahlender, lässt Gefühle zu, bringt diese zum Ausdruck und teilt sie so, wie sie sind ohne was zurückzuhalten, mit anderen. Es ist falsch, dies als eine Schwäche zu deuten. Man sollte es eher so sehen, dass sie ihr Mitgefühl und ihre Liebe so auf eine viel menschlichere Art und Weise zum Ausdruck bringen. Wie könnten sonst gewöhnliche Menschen ihr Mitgefühl und Liebe verstehen?

Der Sehende

Frage: Was hindert uns daran Gott zu erfahren?

Amma: Das Gefühl, anders zu sein.

Frage: Wie können wir es beseitigen?

Amma: Indem wir immer bewusster werden und die Wirklichkeit immer mehr erkennen.

Frage: Bewusst worüber?

Amma: Bewusst über alles, was innen und außen vor sich geht.

Frage: Wie werden wir bewusster?

Amma: Bewusstsein entsteht, wenn man versteht, dass alles unbedeutend ist, was der Mind projiziert.

Frage: Amma, in den Schriften steht, dass der Mind träge ist. Du aber sagst, dass der Mind projiziert. Das klingt widersprüchlich. Wie kann der Mind projizieren, wenn er doch eigentlich träge ist?

Amma: Es ist genauso, wie Menschen, besonders Kinder, verschieden Formen in den Himmel projizieren. Kleine Kinder schauen in den Himmel und sagen: „Da ist ein Wagen und da ein Dämon. Oh! Schau dir das strahlende Gesicht dieses himmlischen Wesens dort an!" und so weiter. Heißt das, dass diese Formen wirklich im Himmel existieren? Nein, die Kinder stellen sich diese Figuren nur im weiten Himmel vor. Tatsächlich sind es die Wolken, welche die verschiedenen Formen annehmen. Der Himmel, der unendliche Raum, ist einfach nur da – er wird durch Namen und Formen nur überlagert.

Frage: Aber wie kann der Mind, Ātman überlagern oder ihn verdecken, wenn er doch träge ist?

Amma: Obwohl es so scheint, als ob der Mind selbst sieht, ist der wirklich Sehende Ātman, das Selbst. Die angesammelten Neigungen, aus denen sich das Denken zusammensetzt, wirken wie eine Brille. Jeder Mensch trägt eine Brille in verschiedenen Farben. Je nach Farbe der Brillengläser sehen und beurteilen wir die Welt. Ātman bleibt einfach als stiller Zeuge hinter dieser Brille verborgen und beleuchtet alles durch seine bloße Präsenz. Wir aber halten das Denken für Atman. Angenommen, wir tragen eine Sonnenbrille mit rosarot getönten Gläsern – sehen wir dann nicht die ganze Welt in rosarot? Wer ist in diesem Fall der, der wirklich sieht? „Wir" sind der wirklich Sehende und die Sonnenbrille ist untätig, richtig?

Wir werden die Sonne nicht sehen können, wenn wir hinter einem Baum stehen. Heißt das, dass der Baum die Sonne verdecken kann? Nein, er zeigt nur die Begrenzungen unserer eigenen Augen und unseres Blickfeldes auf. So ähnlich ist es auch wenn wir sagen, der Mind verdeckt Ātman, es liegt nur an der Begrenzung des Minds.

Frage: Wenn unsere wahre Natur Ātman ist, warum sollen wir uns dann noch darum bemühen, ihn zu erkennen?

Amma: Menschen glauben fälschlicherweise, dass sie durch Bemühungen alles erreichen können. Unsere Bemühungen sind nichts anderes als der Stolz in uns. Auf unserer Reise zu Gott werden alle Bemühungen, die dem Ego entstammen, zerbröckeln und in Fehlschlägen enden. Dies ist eigentlich eine göttliche Botschaft: die Botschaft, dass Hingabe und Gnade erforderlich sind. Letztendlich wird uns dies dabei helfen, die Grenzen unserer eigenen Bemühung, die Grenzen unseres Egos zu erkennen. Kurzum: Bemühung lehrt uns, dass wir unsere Ziele nicht nur dadurch erreichen, wenn wir uns bemühen. Letztendlich ist Gnade der entscheidende Faktor.

Ob man nun nach Verwirklichung strebt oder nach weltlichem Erfolg – es ist die Gnade, durch die man das Ziel erreicht.

Unschuld ist göttliche Śhakti

Frage: Kann ein unschuldiger Mensch schwach sein?

Amma: Das Wort „Unschuld" wird fast immer falsch verstanden. Sogar träge und furchtsame Menschen werden so genannt. Unwissende und ungebildete Leute werden auch oft als unschuldig bezeichnet. Unwissenheit ist aber nicht Unschuld. Unwissenheit ist ein Mangel an wahrer Liebe, an Unterscheidungsvermögen und Verständnis. Wahre Unschuld aber entsteht aus reiner Liebe, welche Unterscheidungsvermögen und Verständnis besitzt. Wahre Unschuld ist *Śhakti*. Selbst ein ängstlicher Mensch hat ein Ego. Ein wirklich unschuldiger Mensch ist ein wirklich egoloser Mensch; solch ein Mensch ist der Stärkste von allen.

Amma kann nicht anders

Amma (zu einer Frau während diese Darśhan erhielt): Woran denkst du gerade?

Frau: Ich habe mich gefragt, wie du so lange Darśhan geben kannst,

stundenlang, mit absoluter Geduld und dieser unglaublichen Ausstrahlung.

Amma: (lachend) Tochter, warum denkst du unentwegt, ohne auch nur einmal anzuhalten?

Frau: Es geschieht einfach. Ich kann nicht anders.

Amma: Genau das ist die Antwort: Es geschieht einfach, Amma kann nicht anders.

Wie das Erkennen
des Geliebten

Ein Mann stellte Amma eine Frage bezüglich des Pfads der Hingabe, wo der spirituell Suchende zum Göttlichen eine Beziehung wie die eines Liebhabers zu seiner Geliebten aufbaut.

Amma: Liebe kann überall, zu jeder Zeit geschehen. Es ist, wie wenn du deine Geliebte inmitten einer Menschenmenge erblickst. Du siehst sie in einer Ecke zwischen tausenden Menschen stehen, aber deine Augen sehen sie und nur sie alleine. Du erblickst sie, redest mit ihr und verliebst dich in sie, ist es nicht so? Du denkst nicht. Das Denken hört auf und ganz plötzlich bist du für ein paar Momente im Herzen. Du verweilst in Liebe. Ähnlich geschieht alles im Bruchteil einer Sekunde. Plötzlich bist du genau dort, mitten in deinem Herz, wo die reine Liebe wohnt.

Mann: Wenn dort die wahre Liebe wohnt, was zieht uns dann wieder fort von diesem Ort und entfernt uns davon?

Amma: Unser Besitzdenken, in anderen Worten: Anhaftungen. Sie machten die Schönheit dieser reinen Erfahrung zunichte. Sobald Anhaftung überhandnimmt, kommst du vom Weg ab und aus Liebe wird Leid.

Das Gefühl der Andersartigkeit

Frage: Werde ich in diesem Leben Samādhi erreichen?

Amma: Warum nicht?

Frage: Wenn dem so ist, was soll ich tun um das zu beschleunigen?

Amma: Zu allererst vergiss Samādhi und konzentrieren dich völlig und mit starkem Glauben auf dein Sādhanā. Ein wahrer Sādhak glaubt mehr an die Gegenwart als an die Zukunft. Legen wir unser Vertrauen in den jetzigen Moment, wird all unsere Energie auch hier und jetzt sein. Das Ergebnis ist Hingabe. Gib dich dem gegenwärtigen Moment hin – und es wird geschehen.

Distanzierst du dich von deinem Mind, dann geschieht alles spontan. Ist dir das gelungen, wirst du vollkommen in der Gegenwart bleiben. Der Mind ist das „Anders-Sein" in dir. Der Mind erzeugt das Gefühl der Andersartigkeit.

Amma wird dir eine Geschichte erzählen: Es gab einmal einen sehr erfolgreichen Architekten. Er hatte ein paar Schüler. Zu einem von ihnen hatte der Architekt eine sehr seltsame Beziehung. Er tat nichts ohne die Bestätigung seines Schülers. Gefiel dem Schüler irgendeine Zeichnung oder Skizze nicht, verwarf sie der Architekt sofort. Der Architekt zeichnete Skizze nach Skizze, bis eine von ihnen dem Schüler gefiel. Der Architekt war voll abhängig von der Meinung seines Schülers. Er tat keinen weiteren Schritt, solange der Schüler nicht sagte: unten In Ordnung, Herr Lehrer, diesen Entwurf hier können Sie nehmen."

Eines Tages erhielten sie den Auftrag, eine Türe für einen Tempel zu entwerfen. Der Architekt begann verschiedene Skizzen anzufertigen. Wie immer zeigte er jede einzelne seinem Schüler. Der Schüler lehnte alle ab. Er arbeitete Tag und Nacht und zeichnete hunderte neue Entwürfe, doch keiner gefiel dem Schüler. Die Zeit eilte und sie mussten schon sehr bald fertig sein. Einmal schickte der Architekt den Schüler, um seinen Füller mit Tinte zu füllen. Der Schüler brauchte eine Weile, bis er wieder zurückkam. In der Zwischenzeit arbeitete der Architekt intensiv an einem weiteren Entwurf. Als der Schüler wieder den Raum betrat, war der Architekt mit dem neuen Entwurf fertig, zeigte ihn dem Schüler und fragte: „Wie findest du das?"

„Ja, das ist es!" rief der Schüler begeistert.

„Jetzt weiß ich, warum!" erwiderte der Architekt. „Bis jetzt war ich so fixiert auf deine Anwesenheit und Meinung, dass ich nie zu 100 Prozent bei dem sein konnte, was ich gerade tat. Während du weg warst, war ich frei, entspannt und blieb voller Hingabe in diesem Augenblick. Nur so konnte der Entwurf entstehen."

In Wirklichkeit war es nicht die Anwesenheit des Schülers, die ihn blockierte; es war die Fixierung des Meisters auf seine Meinung. Sobald er sich davon lösen konnte, war er plötzlich in der Gegenwart, und wie von selbst entstand ein einzigartiges Werk.

Weil du denkst, dass Samādhi etwas in der Zukunft ist, sitzt du nur da und träumst davon. Während du von Samādhi träumst, vergeudest du sehr viel Śakti. Lenke diese Śakti in die richtigen Bahnen – nutze sie, um dich auf den jetzigen Moment zu konzentrieren - dann wird Meditation oder Samadhi, wie von selbst geschehen. Das Ziel liegt nicht in der Zukunft; es liegt in der Gegenwart. In der Gegenwart zu sein, ist das eigentliche Samādhi, ist wahre Meditation.

Ist Gott männlich
oder weiblich?

Frage: Amma, ist Gott männlich oder weiblich?

Amma: Gott ist weder Er noch Sie. Gott ist jenseits solch beschränkter Definitionen. Gott ist „Es" oder „Das". Aber wenn du Gott als entweder Er oder Sie definieren müsstest, dann wäre „Sie" besser, weil „Sie" „Er" enthält.

Frage: Diese Antwort könnte Männer irritieren, weil sie Frauen auf einen höheren Sockel hebt.

Amma: Weder Männer noch Frauen sollten auf einen höheren Sockel gehoben werden, weil Gott ihnen beiden einen einzigartigen Platz zugewiesen hat. Männer und Frauen wurden nicht geschaffen, um miteinander zu konkurrieren, sondern, um das Leben des anderen zu vervollständigen.

Frage: Was meinst du mit „vervollständigen"?

Amma: Das heißt, sich gegenseitig zu unterstützen und gemeinsam vollkommen zu werden.

Frage: Amma, glaubst du nicht, dass sich viele Männer den Frauen überlegen fühlen?

Amma: Ob es das Gefühl ist „ich bin überlegen" oder „ich bin unterlegen", beides entstammt dem Ego. Glauben Männer: „Wir sind den Frauen überlegen", dann zeigt das nur ihr aufgeplustertes Ego, was sicherlich eine große Schwäche und zudem noch zerstörerisch ist. Ebenso bedeutet es, wenn Frauen glauben, dass sie den Männern unterlegen sind, schlichtweg: „Wir sind jetzt unterlegen, obwohl wir eigentlich überlegen sein wollen." Was kann das sein, wenn nicht Ego? Beides sind unangemessene und ungesunde Einstellungen, welche die Spaltung zwischen Männern und Frauen nur vergrößern. Wenn wir diese Kluft nicht überbrücken, indem wir sowohl Frauen als auch Männern den ihnen zustehenden Respekt und Liebe entgegenbringen, verdunkelt sich die Zukunft der Menschheit nur noch mehr.

Spiritualität schafft Ausgeglichenheit

Frage: Amma, als du sagtest, dass Gott eher weiblich als männlich ist, meintest du damit doch nicht die äußere Erscheinung oder?

Amma: Nein, es ist nicht die äußere Erscheinung. Es kommt darauf an, was im Inneren verwirklicht wird.. In jedem Mann befindet sich eine Frau und umgekehrt. Die Frau im Mann – das heißt die wahre Liebe und das wahre Mitgefühl im Mann – sollte erwachen. Das ist die Bedeutung des Ardhanarishwara (halb Göttin, halb Gott) im Hinduismus. Schläft der weibliche Anteil in einer Frau, dann ist sie keine Mutter und fern von Gott. Ist dieser Anteil aber in einem Mann erwacht, dann ist mehr Mütterlichkeit in ihm und dann ist er Gott näher. Das gleiche gilt für den männlichen Anteil. Der ganze Sinn der Spiritualität besteht darin, das richtige Gleichgewicht zwischen dem Männlichen und dem Weiblichen herzustellen. Das innere Erwachen des Bewusstseins ist also wichtiger als die äußere Erscheinung.

Anhaftung und Liebe

Ein Mann mittleren Alters erzählte Amma, wie traurig er nach seiner Scheidung war.

Mann: Amma, ich habe sie so sehr geliebt und habe alles getan, was ich konnte um sie glücklich zu machen. Aber trotzdem ist diese Tragödie geschehen. Ich fühle mich manchmal wie am Boden zerstört. Bitte hilf mir! Was soll ich tun? Wie kann ich diesen Schmerz überwinden?

Amma: Sohn, Amma versteht deinen Schmerz und Leid. Es ist schwer, solch emotional belastenden Situationen zu überwinden. Es ist jedoch auch wichtig, dass du das, was du gerade erlebst, richtig verstehst, erst recht, weil es zu einem Stolperstein in deinem Leben geworden ist.

Zu aller erst solltest du darüber nachdenken, ob diese Traurigkeit von wirklicher Liebe oder durch Anhaftung kommt. Wahre Liebe kennt kein selbstzerstörerisches Leid - du liebst sie einfach und besitzt sie nicht. Wahrscheinlich hängst du zu sehr an ihr oder bist zu besitzergreifend. Und das ist auch die Ursache deiner Traurigkeit und depressiven Gedanken.

Mann: Kannst du mir dann irgendeine Methode oder Technik nennen, die mir dabei hilft, aus diesem selbstzerstörerischen Leid wieder herauszukommen?

Amma: „Ist es wirklich Liebe oder ist es Anhaftung?" Stelle dir selbst diese Frage so aufrichtig wie möglich. Kontempliere darüber. Schon bald wirst du feststellen, dass die sogenannte Liebe in Wirklichkeit Anhaftung ist. Die meisten Leute sehnen sich nach Bindung, nicht nach wahrer Liebe. Amma würde sagen, dass das eine Illusion ist. In gewisser Hinsicht betrügen wir uns selbst. Wir halten Bindung für Liebe. Liebe ist der Mittelpunkt und Anhaftung ist die Peripherie. Verweile in der Mitte und löse dich vom Rand. Dann wird der Schmerz vergehen.

Mann: (in geständnisvollem Ton) Du hast Recht. Mir wird klar, dass ich meiner Exfrau gegenüber mehr ein Gefühl der Anhaftung als der Liebe habe, wie du schon gesagt hast.

Amma: Hast du die Ursache des Problems erkannt, dann lass es los und sei frei. Die Krankheit wurde diagnostiziert, die infizierte Stelle wurde gefunden – nun entferne sie. Warum willst du diese unnötige Last mit dir herumtragen? Wirf sie einfach fort.

Die Gefahren des Lebens überwinden

Frage: Amma, wie kann ich die Gefahren, die mir im Leben drohen, erkennen?

Amma: Indem du mehr Unterscheidungskraft entwickelst.

Frage: Ist Unterscheidungsvermögen das gleiche wie ein hochsensibler Mind?

Amma: Es ist die Fähigkeit des Minds, achtsam in der Gegenwart zu sein.

Frage: Aber Amma, wie warnt mich das vor zukünftigen Gefahren?

Amma: Wenn du achtsam in der Gegenwart bist, wirst du in der Zukunft auf weniger Gefahren stoßen. Trotzdem kannst du nicht alle Schwierigkeiten vermeiden oder abwenden.

Frage: Kann uns Jyotish (vēdische Astrologie) dabei helfen, die Zukunft besser zu verstehen und somit mögliche Gefahren zu vermeiden?

Amma: Selbst Experten auf diesem Gebiet machen schwierige Zeiten im Leben durch. Es gibt Astrologen, die sehr wenig Unterscheidungsvermögen und Intuition besitzen. Solche Menschen gefährden ihr eigenes wie auch das Leben von anderen. Man kann die Gefahren des Lebens nicht vermeiden, indem man sich astrologisches Wissen aneignet oder indem man sich sein Horoskop deuten lässt. Nur ein tieferes Verstehen des Lebens und eine bewusste, klar unterscheidende Vorgehensweise in der jeweiligen Situation tragen dazu bei, mehr Frieden und weniger Problemen im Leben zu haben.

Frage: Sind Unterscheidungsvermögen und Verstehen ein und dasselbe?

Amma: Ja, sie sind dasselbe. Je mehr Unterscheidungsvermögen du hast, umso mehr verstehst du und umgekehrt.

Je mehr du in der Gegenwart bist, desto achtsamer bist du und desto mehr wird sich dir offenbaren. Du wirst mehr Botschaften vom Göttlichen erhalten. Wenn du gegenwärtig bist, übermittelt dir jeder Moment eine Botschaft. Bist du offen und empfänglich, dann kannst du sie spüren.

Frage: Amma, willst du damit sagen, dass diese Offenbarungen uns dabei helfen, mögliche zukünftige Gefahren zu erkennen?

Amma: Ja, du wirst Hinweise und Signale durch solche Offenbarungen erhalten.

Frage: Worin bestehen diese Hinweise und Signale?

Amma: Woher weißt du, dass du bald Migräne bekommst? Du fühlst dich sehr unwohl und siehst schwarze Kreise vor deinen Augen, richtig? Sobald diese Symptome auftauchen, wirst du die richtigen Medikamente nehmen und das wird dir helfen. Ebenso tauchen vor Fehlschlägen oder Gefahren im Leben gewisse Vorzeichen auf. Meistens entgehen sie den Leuten. Wenn dein Mind jedoch klar und empfänglich ist, kannst du sie wahrnehmen und die nötigen Schritte unternehmen um sie zu überwinden.

Amma hat einmal die folgende Anekdote gehört: Ein Journalist interviewte einen erfolgreichen Geschäftsmann. Der Reporter fragte: „Verraten Sie mir Ihr Erfolgsgeheimnis?"

Geschäftsmann: „Zwei Worte."

Journalist: „Wie lauten sie?"

Geschäftsmann: „Richtige Entscheidungen!"

Journalist: „Wie treffen sie richtige Entscheidungen?"

Geschäftsmann: „Ein Wort."

Journalist: „Welches?"

Geschäftsmann: „Erfahrung!"

Journalist: „Wie machen sie diese Erfahrung?"

Geschäftsmann: „Zwei Worte."

Journalist: „Wie lauten sie?"

Geschäftsmann: „Falsche Entscheidungen!"

Du siehst also, Sohn: es hängt alles davon ab, wie du Situationen annimmst, verstehst und dich ihnen hingibst.

Amma wird dir noch eine Geschichte erzählen: Auf Einladung von Yudhiṣṭhira besuchten die Kauravas Indraprastha, die königliche Hauptstadt der Pāṇḍavas[3]. Der Palast dort war so geschickt gebaut, dass einige Stellen wie wunderschöne Wasserbecken aussahen, obwohl sie in Wirklichkeit nur ganz normale Böden waren. Ähnlich gab es andere Stellen, die wie normale Böden aussahen, doch in Wirklichkeit Wasserbecken waren. Alles hatte etwas Unwirkliches an sich. Als die 100 Brüder von Duryodhana, dem ältesten Kaurava, durch den wunderschönen Palast geführt wurden, wollten sie an einer Stelle fast ihre Kleidung ablegen, weil sie annahmen, dass sie vor einem Wasserbecken zum Schwimmen stehen. Es war jedoch ein ganz gewöhnlicher Boden, der nur wie ein Wasserbecken aussah. Schon bald jedoch fielen alle Brüder, Duryodhana miteingeschlossen, in ein echtes Becken, das wie ein gewöhnlicher Boden aussah und wurden dabei völlig durchnässt. Panchali, die Frau der fünf Brüder, brach in Gelächter aus, als sie diese köstliche Szene mit ansah. Duryodhana und seine Brüder waren dadurch tief gekränkt.

Dies war eines der Schlüsselerlebnisse, das großen Ärger und Vergeltungslust in den Kaurava Brüdern bewirkte, was später dann zu dem Mahābhārata Krieg und enormer Zerstörung führte.

Diese Geschichte ist sehr aussagekräftig. Auch im wirklichen Leben begegnen uns viele Situationen, die recht gefährlich erscheinen. Dies veranlasst uns zu einigen Vorsichtsmaßnahmen ehe wir ihnen entgegentreten. Zum Schluss jedoch stellen sie sich vielleicht als völlig harmlos heraus. Auch könnten uns angebliche Sicherheiten letztendlich sehr gefährlich werden. Nichts ist unbedeutend. Darum ist es wichtig, dass wir Śhraddhā, klares Unterscheidungsvermögen, Achtsamkeit und Bewusstsein haben, wenn wir mit den vielfältigen Erfahrungen des Lebens konfrontiert werden.

---

[3] Die Pāṇḍavas und Kauravas waren zwei gegnerische Parteien, die im Mahābhārata Krieg gegeneinander kämpften.

Gottes Reichtum nicht horten

Frage: Ist es eine Sünde Besitz anzuhäufen?

Amma: Es ist keine Sünde, solange du Mitgefühl hast. Das heißt, du musst bereit sein, mit den Armen und Bedürftigen zu teilen.

Frage: Sonst?

Amma: Sonst ist es eine Sünde.

Frage: Warum?

Amma: Weil alles, was es gibt, Gott gehört. Unser Eigentum daran ist nur vorübergehend; es kommt und geht.

Frage: Aber will Gott nicht, dass wir all die Dinge nutzen, die er für uns erschaffen hat?

Amma: Natürlich. Aber Gott will nicht, dass wir sie missbrauchen. Gott will auch, dass wir unser Unterscheidungsvermögen einsetzen, während wir uns an all dem erfreuen, was er erschaffen hat.

Frage: Was ist Unterscheidungsvermögen?

Amma: Unterscheidungsvermögen besteht darin, unser Wissen so einzusetzen, dass es uns nicht fehlleitet. Mit anderen Worten: Wissen zu nutzen, um zwischen Dharma und Adharma (Rechtschaffenheit und Ungerechtigkeit), zwischen Vergänglichem und Unvergänglichem zu unterscheiden – das ist Unterscheidungsvermögen.

Frage: Aber wie nutzen wir dann die Dinge dieser Welt mit Unterscheidungsvermögen?

Amma: Verzichte auf Besitz – betrachte alle Dinge als Gottes Eigentum und erfreue dich daran. Diese Welt ist nur ein vorübergehender Aufenthalt. Du bist hier nur für eine kurze Weile, als Besucher. Aufgrund deiner Unwissenheit teilst du alles, jedes noch so kleine Stück Land in ‚meins' und ‚deins' auf. Das Stück Erde, dass du für dich beanspruchst, hat schon vielen Vorbesitzern gehört, die nun darin begraben sind. Heute magst du an der Reihe sein den Besitzer zu spielen, aber denke daran, dass auch du eines Tages nicht mehr da sein wirst. Dann wird jemand anderes in deine Fußstapfen treten. Macht es also irgendeinen Sinn Eigentum zu beanspruchen?

Frage: Welche Rolle soll ich hier spielen?

Amma: Sei Gottes Diener. Gott, der alles gibt, will, dass du seinen Reichtum mit allen teilst. Wenn das Gottes Wille ist, wie kannst du ihn dann für dich alleine behalten? Verweigerst du Gottes Willen, dann hortest du, was mit stehlen gleichzusetzen ist. Verhalte dich der Welt gegenüber wie ein Besucher.

Einmal suchte ein Mann einen Mahātmā auf. Als er in seinem Haus keinerlei Möbel oder Dekoration sah, fragte der Mann:

„Seltsam, warum gibt es hier keine Möbel?"

„Wer bist du?" fragte der Mahātmā.

„Ich bin ein Besucher", entgegnete der Mann.

„Das bin ich auch", sagte der Mahātmā. „Warum sollte ich also so dumm sein und irgendwelche Dinge ansammeln?"

Amma und Die Natur

Frage: Welche Beziehung hast du zur Natur?

Amma: Ammas Verbindung zur Natur ist keine Beziehung; sie ist vollkommenes Eins-Sein. Jemand der Gott liebt, liebt auch die Natur, weil Gott und Natur nicht zwei verschiedene Dinge sind. Wenn du den Zustand der Verwirklichung einmal erreicht hast, bist du mit dem gesamten Universum verbunden. In Ammas Beziehung zur Natur gibt es keine Liebende und keine Geliebte – sondern nur Liebe. Da gibt es nicht zwei; da ist nur eins; da ist nur Liebe.

Normalerweise mangelt es in Beziehungen an echter Liebe. In gewöhnlichen Liebesbeziehungen gibt es zwei – man könnte auch sagen, drei: den Liebenden, die Geliebte und die Liebe. In wahrer Liebe hingegen lösen sich der Liebende und die Geliebte auf und was zurückbleibt, ist die ungeteilte Erfahrung reiner, bedingungsloser Liebe.

Frage: Welche Bedeutung hat die Natur für den Menschen?

Amma: Natur bedeutet für die Menschen Leben. Sie ist die Grundlage unseres Daseins. Es ist eine wechselseitige Beziehung, die in jedem Moment und auf jeder Ebene stattfindet. Wir sind nicht nur völlig abhängig von der Natur –wir beeinflussen sie und sie beeinflusst uns. Wenn wir die Natur wirklich lieben, wird sie diese Liebe wohlwollend erwidern und uns ihren unendlichen Reichtum eröffnen. Genauso, wie wir es tun, wenn wir eine andere Person wirklich lieben, sollten wir in unserer Liebe zur Natur unendlich vertrauensvoll, geduldig und mitfühlend sein.

Frage: Ist diese Beziehung ein Austausch oder ist es gegenseitige Unterstützung?

Amma: Es ist beides und sogar noch mehr. Die Natur wird auch ohne Menschen fortbestehen. Sie kann für sich selbst sorgen. Aber die Menschen benötigen die Unterstützung der Natur um existieren zu können.

Frage: Was geschieht bei einem vollkommenen Austausch zwischen Natur und Mensch?

Amma: Dann wird sie nichts mehr vor uns verborgen halten. Sie wird ihren unendlichen Schatz, ihren natürlichen Wohlstand freigeben und uns erlauben uns an ihm zu erfreuen. Wie eine Mutter wird sie uns schützen, uns umsorgen und ernähren.

In der vollkommenen Beziehung zwischen Menschheit und Natur entsteht ein zirkulierendes Energiefeld, in dem beide beginnen, ineinander zu fließen. Anders gesagt: Wenn wir Menschen uns in die Natur verlieben, dann wird sie sich in uns verlieben.

Frage: Was bringt Menschen dazu, so brutal mit der Natur umzugehen? Ist es seine Selbstsucht oder mangelndes Verständnis?

Amma: Es ist beides. Eigentlich ist es mangelndes Verständnis, das sich als selbstsüchtige Taten manifestiert.

Im Grunde ist es Unwissenheit. Aufgrund von Unwissenheit denken die Menschen, dass die Natur nur ein Ort ist, von dem man immer weiter nehmen kann ohne zu geben. Die meisten Menschen kennen nur die Sprache der Ausbeutung. Aufgrund ihres extremen Egoismus sind sie unfähig, rücksichtsvoll mit ihren Mitmenschen zu sein. In der heutigen Welt ist unsere Beziehung zur Natur nichts anderes als eine Ausdehnung der Selbstsucht, den wir im Inneren spüren.

Frage: Amma, was meinst du mit „rücksichtsvoll"?

Amma: Amma meint damit, anderen mit Mitgefühl zu begegnen. Die allerwichtigste Fähigkeit, die man entwickeln muss, um seine Nächsten – die Natur oder die Menschen – rücksichtsvoll zu behandeln, ist eine tiefe innere Verbindung mit dem eigenen Gewissen. Gewissen ist im eigentlichen Sinn die Fähigkeit, dich selbst in anderen zu sehen. Gleich deinem Abbild in einem Spiegel, siehst du dich in den anderen. Und du bist wiederum ein Spiegel der anderen, ihrer Gefühle, Freude als auch Leid. Wir müssen diese Fähigkeit in unserer Beziehung zur Natur entwickeln.

Frage: Die ursprünglichen Bewohner dieses Landes waren die Indianer. Sie verehrten die Natur und hatten eine tiefe Verbindung zu ihr. Würdest du sagen, dass wir dasselbe tun sollten?

Amma: Was der Einzelne tun sollte, hängt von seiner mentalen Verfassung ab. Die Natur ist jedenfalls ein Teil des Lebens, ein Teil des Ganzen. Die Natur ist wahrlich Gott. Die Natur zu verehren, ist das gleiche wie Gott zu verehren.

Indem er den Berg Govardhana verehrte, lehrte uns Lord Kṛiṣhṇa eine wichtige Lektion: die Verehrung der Natur in unser tägliches Leben mit einzubeziehen. Er forderte sein Volk auf, den Berg Govardhana zu verehren, weil sie beschützte. In ähnlicher Weise hat Lord Rāma, bevor er die Brücke über das Meer baute, drei Tage lang strenge Buße getan, um die Gunst des Ozeans anzuziehen. Selbst Mahātmās bringen der Natur so viel Respekt und Achtung entgegen und ersuchen sie um ihren Segen, bevor sie mit einem Vorhaben beginnen. In Indien gibt es Tempel für Vögel, Tiere, Bäume, ja sogar für Eidechsen und giftige Schlangen. Dadurch wird die Wichtigkeit der Verbindung zwischen Mensch und Natur hervorgehoben.

Frage: Amma, was rätst du, um die Beziehung zwischen Mensch und Natur wiederherzustellen?

Amma: Lasst uns mitfühlend und rücksichtsvoll sein. Lasst uns nur das von der Natur nehmen, was wir wirklich brauchen, und im Gegenzug versuchen, es ihr in einem gewissen Maß wieder zurückzugeben. Denn nur, wenn wir geben, werden wir erhalten. Ein Segen ist etwas, das zu uns zurückkehrt als Antwort darauf, wie wir mit den Dingen umgehen. Begegnen wir der Natur mit Liebe und betrachten sie als unser Leben, als Gott, als Teil unserer eigenen Existenz, dann wird sie zu unserem besten Freund. Einem Freund, dem wir immer vertrauen können, einem Freund, der uns nie verrät. Verhalten wir uns jedoch gegenüber der Natur rücksichtslos, reagiert sie auf negative Weise, statt uns mit ihrem Segen zu belohnen. Die Natur wird sich gegen die Menschen wenden, wenn wir nicht sorgsam mit ihr umgehen, was verheerende Folgen haben kann.

Viele von Gottes wunderschönen Geschöpfen sind schon wegen menschlichen Fehlverhaltens und völliger Missachtung der Natur verloren gegangen. Handeln wir weiterhin so, wird das den Weg für eine Katastrophe eröffnen.

Sannyās, der Gipfel des menschlichen Seins

Frage: Was ist Sannyā?

Amma: Sannyās ist der Gipfel des menschlichen Seins. Es ist die Erfüllung menschlichen Lebens.

Frage: Ist Sannyās ein Zustand des Minds oder ist es etwas anderes?

Amma: Sannyās ist gleichzeitig ein Zustand des Minds und ein Zustand ohne Mind.

Frage: Amma, wie beschreibst du diesen Zustand...oder was immer es ist?

Amma: Sind weltliche Erfahrungen bereits schwer zu beschreiben, wie kann dann Sannyās, die höchste Form der Erfahrung, überhaupt, beschrieben werden? Es ist ein Zustand, in dem man vollkommene innere Entscheidungsfreiheit hat.

Frage: Amma, ich weiß, dass ich zu viele Fragen stelle, aber was meinst du mit „innere Entscheidungsfreiheit"?

Amma: Menschen sind die Sklaven ihrer Gedanken. Der menschliche Mind ist ein ständiger Gedankenstrom. Durch den daraus resultierenden Druck wirst du ein hilfloses Opfer äußerer Umstände. In einer Person existieren unzählige Gedanken und Emotionen – einige davon treten ganz deutlich hervor, andere sind eher subtil. Weil sie unfähig sind zwischen den guten und schlechten, den produktiven und den destruktiven zu unterscheiden, folgen die meisten Menschen schnell den schädlichen Impulsen und identifizieren sich mit negativen Gefühlen. Im höchsten Zustand von Sannyās hat man die Wahl, ob man sich mit jeder einzelnen Emotion und jedem einzelnen Gedanken identifiziert oder ob man davon losgelöst bleibt. Du hast die Wahl, dich auf jeden einzelnen Gedanken, jede Emotion und jede nur denkbare Situation einzulassen oder auch nicht. Selbst, wenn du dich dazu entschließt dich damit zu identifizieren, steht es dir frei, dich jeden Moment zurückzuziehen und weiterzugehen. Das ist wirklich vollkommene Freiheit.

Frage: Was bedeutet das ockerfarbene Gewand, das Sannyāsins tragen?

Amma: Es symbolisiert deine innere Entwicklung, bzw. das Ziel, das du erreichen möchtest. Es bedeutet auch, dass dich weltliche Errungenschaften nicht mehr interessieren – eine öffentliche Erklärung, dass dein Leben Gott und der Selbstverwirklichung gewidmet ist. Es bedeutet, dass dein Körper und Mind durch das Feuer von Vairāgya (Losgelöstheit) verzehrt werden und du jetzt keiner bestimmten Nation, Kaste, Glaubensrichtung, Sekte oder Religion mehr angehörst. Aber Sannyās bedeutet nicht nur, ockerfarbene Kleidung zu tragen.

Das Gewand ist nur ein Symbol, welches auf einen Seinszustand, den transzendentalen Zustand hinweist. Sannyās heißt, dass sich deine Haltung dem Leben gegenüber und die Art und Weise, wie du das Leben betrachtest, geändert haben. Du wirst völlig egolos. Jetzt gehörst du nicht mehr dir selbst, sondern der Welt und hast dein Leben ganz dem Dienst an der Menschheit gewidmet. In diesem Zustand erwartest oder verlangst du von niemandem etwas. In dem Zustand wahren Sannyās wirst du mehr eine Präsenz als eine Persönlichkeit sein.

Während der Zeremonie, in welcher der Schüler vom Meister Sannyās erhält, schneidet der Schüler die kleine Haarsträhne ab, die er immer auf seinem Hinterkopf trug. Der Schüler übergibt dann die Strähne und seinen heiligen Band[4] dem Opferfeuer. Dies ist ein Symbol dafür, dass er alle Bindungen an Körper, Mind und Intellekt und alle Vergnügungen von jetzt an und für immer aufgibt.

Sannyāsins sollten ihr Haar entweder lang wachsen lassen oder es ganz abrasieren. In früheren Zeiten ließen Sannyāsins ihre Haare zu langen Zöpfen verfilzen, was ihre Losgelöstheit vom Körper verdeutlichte. Man ist nicht länger daran interessiert, den Körper schön zu machen, weil die wahre Schönheit in der Erkenntnis des Selbst, Ātmanliegt. Der Körper verändert sich und vergeht. Warum unnötig an ihm haften, wenn dein wahres Wesen das unveränderliche und unsterbliche Selbst ist?

Sich an das Vergängliche zu binden, ist die Ursache aller Sorgen und Leiden. Ein Sannyāsin ist jemand, der diese große Wahrheit erkannt hat – das Vergängliche der äußeren Welt und das Unvergängliche des Bewusstseins, das allen Dingen Schönheit und Charme verleiht.

Wahres Sannyās ist nicht etwas, das man geben könnte, es ist vielmehr eine Verwirklichung.

Frage: Heißt das, dass es etwas ist, was man selbst erreichen kann?

Amma: Du stellst wieder die gleiche Frage. Sannyās ist das Ziel, in das alle Vorbereitungen münden, die man als Sādhanā bezeichnet.

---

[4] Der Yajñopavīta besteht aus drei Bändern und wird quer über den Körper getragen. Er repräsentiert die drei Pflichten, die man gegenüber der Familie, der Gesellschaft und dem Guru hat.

Schau, wir können nur etwas erlangen, was nicht uns gehört, was kein Teil von uns ist. Der Zustand von Sannyās ist der innere Kern unserer Existenz, es ist das, was wir wirklich sind. Bis du das erkannt hast, siehst du es vielleicht als Fähigkeit an, die man erreichen kann, sobald aber die wahre Erkenntnis dämmert, verstehst du, dass es das ist, was du wirklich bist und dass du nie davon getrennt warst – es nie sein konntest.

Diese Fähigkeit zu erkennen, wer wir wirklich sind, ist in jedem Menschen veranlagt. Wir sind in einem vergesslichen Zustand. Jemand sollte uns an diese unendliche Kraft im Inneren erinnern.

Zum Beispiel: Da ist ein Mann, der seinen Lebensunterhalt durch Betteln verdient. Eines Tages tritt ein Fremder an ihn heran und sagt: „He du, was machst du da? Du bist weder ein Bettler, noch ein vagabundierender Zigeuner – du bist ein Multimillionär!"

Der Bettler glaubt dem Fremden nicht; er ignoriert ihn völlig und geht weiter. Aber der Fremde ist sehr hartnäckig - und liebevoll. Er folgt also dem Bettler und sagt zu ihm: „Vertraue mir! Ich bin dein Freund und ich will dir helfen. Was ich dir sage, ist die Wahrheit. Du bist wirklich ein reicher Mann, und der Schatz, der dir gehört, ist wirklich ganz in deiner Nähe."

Jetzt ist die Neugier des Bettlers geweckt, und er fragt: „Ganz in meiner Nähe? Wo?"

„Direkt in der Hütte, in der du lebst", antwortet der Fremde. „Du musst nur ein wenig graben, dann ist er für immer dein."

Jetzt will der Bettler keinen Moment mehr vergeuden. Er kehrt sofort nach Hause zurück und gräbt den Schatz aus.

Der Fremde steht für den wahren Meister, der uns die richtigen Informationen gibt und uns davon überzeugt, uns überredet und uns dazu inspiriert, diesen kostbaren Schatz auszugraben, der in uns verborgen liegt. Wir sind in einem vergesslichen Zustand. Der Guru hilft uns zu erkennen, wer wir wirklich sind.

Es gibt nur ein Dharma

Frage: Gibt es viele Dharmas?

Amma: Nein, es gibt nur ein Dharma.

Frage: Aber die Leute reden von verschiedenen Dharmas.

Amma: Das tun sie, weil sie die eine Wirklichkeit nicht sehen. Sie sehen nur die Vielfalt, die verschiedenen Namen und Formen.
Trotzdem könnte man sagen, dass es mehr als ein Dharma gibt, entsprechend den jeweiligen Vāsanās (Neigungen) des einzelnen. Zum Beispiel könnte eine Musikerin sagen, dass ihr Dharma die Musik ist. Ebenso könnte ein Geschäftsmann sagen, dass sein Dharma das Geschäftemachen ist. Und das ist in Ordnung. Man wird jedoch bei diesen Tätigkeiten nie vollkommene Erfüllung finden. Wenn wir höchste Befriedigung oder Zufriedenheit erfahren, ist das wirkliches Dharma. Was auch immer man tut - wenn man nicht mit sich selbst zufrieden ist, wird man keinen Frieden finden und das Gefühl, dass „etwas fehlt", bleibt bestehen. Nichts, kein weltlicher Erfolg, wird diese Leere im Leben eines Menschen füllen. Jeder muss seine innere Mitte finden, damit sich ein erfüllendes Gefühl einstellt. Dies ist wirkliches Dharma. Bis dahin wirst du dich auf der Suche nach Frieden und Freude nur im Kreis drehen.

Frage: Wird man sowohl materiellen Wohlstand erlangen als auch spirituell wachsen, wenn man sich uneingeschränkt ans Dharma hält?

Amma: Ja, wenn man sich an das Dharma in seiner wahren Bedeutung hält, hilft dies mit Sicherheit dabei beides zu erlangen.

Rāvaṇa, der Dämonenkönig, hatte zwei Brüder, Kumbhakarna und Vibhīṣhaṇa. Als Rāvaṇa Sītā, die heilige Gefährtin von Lord Rāma, gefangen nahm, warnten ihn beide Brüder wiederholt vor den schrecklichen Folgen, die das nach sich ziehen könnte und rieten ihm, Sītā wieder zu Rāma zurückzubringen. Er ignorierte jedoch all ihre Bitten und erklärte Rāma schließlich den Krieg. Obwohl er sich darüber bewusst war, dass sein älterer Bruder unrechtmäßig handelte, unterwarf sich Kumbhakarna ihm am Ende aufgrund seiner Liebe zu dem Dämonenclan und seiner Bindung zu Rāvaṇa.

Vibhīṣhaṇa hingegen war ein sehr friedfertiger und frommer Mensch. Er konnte die adharmische (nicht rechtschaffene) Vorgehensweise seines Bruders nicht akzeptieren und drückte auch weiterhin seine Besorgnis ihm gegenüber aus, um vielleicht doch noch dessen Einstellung zu ändern. Doch Rāvaṇa akzeptierte oder erwog seine Ansichten nie, ja er hörte Vibhīṣhaṇa nicht einmal zu. Schließlich wurde der äußerst egoistische Rāvaṇa aufgrund der Hartnäckigkeit seines jüngeren Bruders so wütend, dass er ihn aus dem Land verbannte. Vibhīṣhaṇa nahm Zuflucht zu Rāmas Füßen. In dem Krieg, der nun folgte, wurden Rāvaṇa und Kumbhakarna getötet und Sītā wurde zurückerobert. Noch ehe Vibhīṣhaṇa nach Ayōdhyā, Rāmas Heimatland, zurückkehrte, krönte ihn Rāma zum König von Lanka.

Von allen drei Brüdern war Vibhīṣhaṇa der Einzige, der ein Gleichgewicht zwischen seinem weltlichen und spirituellen Dharma herstellen konnte. Wie war das möglich? Es war das Ergebnis seiner spirituellen Praktik, die er auch während seiner weltlichen Verpflichtungen beibehielt und nicht anders herum. Führt man seine weltlichen Pflichten auf diese Weise aus, erlangt man dadurch die höchste Erfüllung. Im Gegensatz dazu waren die zwei anderen Brüder, Rāvaṇa und Kumbhakarna, weltlich ausgerichtet, auch während sie ihr spirituelles Dharma ausführten.

Vibhīṣhaṇas Haltung war selbstlos. Er bat Rāma nicht darum, ihn zum König zu machen. Er wollte lediglich am Dharma festhalten. Doch dieses unerschütterliche Gelübde und seine feste Entschlossenheit brachten ihm großen Segen ein. Er erlangte beides: sowohl materielles, wie auch spirituelles Wohlergehen.

Frage: Amma, das war wunderschön! Aber Menschen, die wirklich auf der spirituellen Suche sind, verlangt es doch gar nicht nach materiellem Wohlstand oder?

Amma: Nein, das einzige und wichtigste Dharma eines ernsthaften spirituell Suchenden ist die Selbstverwirklichung. Er oder sie wird mit nichts geringerem zufrieden sein. Alles andere ist für diese Person unbedeutend.

Frage: Amma, ich habe noch eine Frage. Denkst du, dass es auch in der heutigen Welt Rāvaṇas und Kumbhakarnas gibt? Falls ja, wird es leicht für die Vibhīṣhaṇas sein, in der Gesellschaft zu überleben?

Amma: (lachend) In jedem von uns stecken ein Rāvaṇa und ein Kumbhakarna. Sie sind nur unterschiedlich stark ausgeprägt. Natürlich gibt es auch Menschen mit äußerst starken dämonischen Wesenszügen wie Rāvaṇa und Kumbhakarna. All das Chaos und die Konflikte, die man in der heutigen Welt sieht, lassen sich auf Einstellungen zurückführen. Doch wahre Vibhīṣhaṇas überleben, weil sie Zuflucht in Rāma oder Gott suchen, welcher sie beschützt.

Frage: Obwohl ich gesagt habe, dass dies meine letzte Frage sein würde, hätte ich eigentlich noch eine, wenn Amma es erlaubt.

Amma: (in Englisch) Okay, frag!

Frage: Was hältst du persönlich von diesen Rāvaṇas der heutigen Zeit?

Amma: Auch sie sind Ammas Kinder.

Vereintes Handeln als Dharma

Amma: In diesem Kali Yuga (dunklem Zeitalter des Materialismus) ist die Tendenz der Menschen auf der ganzen Welt sich voneinander zu entfernen. Sie leben isoliert wie Inseln ohne innere Verbindung. Das ist gefährlich und verstärkt die Dunkelheit nur noch, die uns umgibt. Ob zwischen den Menschen untereinander oder zwischen den Menschen und der Natur – es ist die Liebe, welche die Brücke baut und sie verbindet. Vereintes Handeln ist die Stärke der heutigen Welt. Deshalb sollte das als eines der wichtigsten Pflichten dieser Zeit angesehen werden.

Hingabe und Bewusstsein

Frage: Gibt es irgendeinen Zusammenhang zwischen Bewusstsein und Hingabe?

Amma: Reine Hingabe ist bedingungslose Liebe. Bedingungslose Liebe ist Hingabe. Vollkommene Selbsthingabe bedeutet völlig offen zu sein und sich auszudehnen. Diese Offenheit oder Ausdehnung ist Bewusstsein. Das ist nichts anderes als Gott.

Das Herz eines Schülers öffnen

Frage: Amma, du sagst deinen Devotees und Schülern, dass ein persönlicher Guru dringend notwendig ist, um Gott zu verwirklichen. Du selbst dagegen betrachtest die gesamte Schöpfung als deinen Guru. Glaubst du, dass auch andere diese Wahl haben?

Amma: Selbstverständlich. Aber auf dem spirituellen Weg bringen solche Wahlmöglichkeiten normalerweise nichts.

Frage: Aber in deinem Fall ging es doch auch oder?

Amma: In Ammas Fall war es keine Wahl. Es geschah vielmehr ganz spontan.

Schau, mein Sohn: Amma zwingt niemandem irgendetwas auf. Diejenigen, die unerschütterlich glauben, dass jede einzelne

Situation gleichgültig ob sie negativ oder positiv ist, eine Botschaft von Gott ist, brauchen keinen äußeren Guru. Aber wie viele Menschen besitzen diese Überzeugung und Stärke?

Der Weg zu Gott kann nicht erzwungen werden, das funktioniert nicht. Ganz im Gegenteil: Zwang könnte den ganzen Prozess sogar ruinieren. Der Guru muss auf diesem Weg unheimlich geduldig mit dem Schüler oder der Schülerin sein. So, wie eine Knospe sich zu einer wunderschönen, duftenden Blüte entfaltet, so hilft auch der Guru dem Schüler, sein verschlossenes Herz ganz zu öffnen.

Die Schüler sind unwissend und der Guru ist erwacht. Die Schüler verstehen den Guru nicht und auch nicht die Ebene, von der er agiert. Weil sie unwissend sind, können die Schüler gelegentlich äußerst ungeduldig werden; in ihrer urteilenden Art können sie sogar am Guru Kritik äußern . Unter solchen Umständen kann dem Schüler nur die bedingungslose Liebe und das Mitgefühl eines vollkommenen Meisters helfen.

Die Bedeutung von Dankbarkeit

Frage: Was bedeutet es, dem Meister oder Gott gegenüber dankbar zu sein?

Amma: Es ist eine demütige, offene und andächtige Haltung, welche dem Schüler dabei hilft, Gottes Gnade zu empfangen. Ein wahrer Meister hat nichts zu gewinnen oder zu verlieren. Da er sich in dem höchsten Zustand der Losgelöstheit befindet, bleibt der Meister unberührt, gleichgültig, ob du dankbar bist oder nicht. Doch Dankbarkeit hilft dir dabei, empfänglich für Gottes Gnade zu sein. Dankbarkeit ist eine innere Haltung. Sei dankbar Gott gegenüber, weil du so am besten aus der engen, begrenzten Welt von Körper und Mind herauskommst und in die weite innere Welt eintreten kannst.

Die Kraft hinter dem Körper

Frage: Ist jede Seele verschieden und hat eine separate, individuelle Existenz?

Amma: Strom fließt durch Ventilatoren, Kühlschränke, Fernseher und andere Geräte. Ist es ein anderer Strom, nur weil er sich jedes Mal auf unterschiedliche Weise zeigt?

Frage: Nein, aber haben Seelen nach dem Tod eine separate Existenz?

Amma: Entsprechend ihrem Karma (Auswirkungen von den Handlungen der Vergangenheit) und den angesammelten Vāsanās haben sie eine scheinbar separate Existenz.

Frage: Haben unsere individuellen Seelen selbst in diesem Zustand noch Wünsche?

Amma: Ja, aber sie können diese nicht erfüllen. So wie jemand, der vollkommen gelähmt ist, nicht aufstehen und sich alles einfach so nehmen kann, können auch solche Seelen ihre Sehnsüchte nicht befriedigen, weil sie keinen Körper haben.

Frage: Wie lange bleibt das so?

Amma: Das hängt von der Stärke ihres Prārabdha Karmas ab (den Auswirkungen vergangener Taten, die sich momentan manifestieren).

Frage: Was geschieht, wenn dieses aufgebraucht ist?

Amma: Sie werden wiedergeboren und der Kreislauf von Geburt und Tod, geht weiter, bis sie erkennen, wer sie wirklich sind.

Aufgrund unserer Identifikation mit unserem Körper und dem Mind denken wir: „Ich bin der Handelnde, ich bin der Denkende" und so weiter und so fort. In Wirklichkeit kann ohne die Gegenwart von Ātman, dem wahren Selbst weder der Körper noch der Mind funktionieren. Gibt es irgendeine Maschine, die ohne Strom laufen kann? Ist es nicht die Kraft der Elektrizität, welche alles bewegt? Ohne diese Kraft ist selbst eine riesige Maschine nichts weiter als ein Berg aus Stahl. Genauso ist die Gegenwart von Ātman, die uns dabei hilft, alles zu tun – ganz egal was oder wer wir sind. Ohne ihn sind wir nur tote Materie. Ātman zu vergessen und nur noch den Körper zu verehren, ist wie die Elektrizität zu ignorieren und sich in eine Maschine zu verlieben.

Zwei grundlegende Erfahrungen

Frage: Können vollkommene Meister die Zeit und den Ort ihrer Geburt und ihres Todes frei wählen?

Amma: Nur ein vollkommenes Wesen kann diese Situationen vollständig kontrollieren. Alle anderen sind diesen zwei grundlegenden Erfahrungen völlig hilflos ausgeliefert. Du wirst nicht gefragt, wo du geboren werden möchtest oder wer oder was du sein willst. Ebenso wenig wirst du gefragt, ob du bereit bist zu sterben.

Sowohl derjenige, der sich ständig über sein kleines Ein-Zimmer-Apartment beklagt und, wie auch der, der einen luxuriösen Palast bewohnt hat – beide liegen, wenn Ātman den Körper nicht belebt, gegenwärtig still und zufrieden in einem kleinen Sarg. Ein Mensch, der keinen einzigen Moment lang ohne Klimaanlage auskommen konnte, wird absolut kein Problem damit haben, wenn sein Körper im Feuer bestattet wird. Warum? Weil er jetzt nur noch ein lebloses Objekt ist.

Frage: Der Tod ist eine beängstigende Erfahrung oder?

Amma: Es ist nur für diejenigen beängstigend zu sterben, die sich ihr Leben lang vollkommen mit dem Ego identifizierten, ohne auch nur einmal über die Realität jenseits von Körper und Mind nachzudenken.

Auf andere eingehen

Ein Devotee wollte eine einfache, leicht verständliche, kurze Beschreibung von Spiritualität haben.

Amma sagte: „Auf andere mitfühlend einzugehen, ist Spiritualität."

„Großartig!" sagte der Mann, erhob sich und wollte weggehen. Geschwind ergriff Amma seine Hand und sagte: „Setz dich!"

Der Mann gehorchte. Während sie den Devotee, der gerade Darśhan bekam umarmte, beugte Amma sich nahe zu ihm hin und fragte leise auf Englisch: „Geschichte?"

Der Mann war etwas irritiert. „Amma, willst du, dass ich eine Geschichte erzähle?"

Amma lachte und entgegnete: „Nein, ob du eine Geschichte hören willst?"

Der Mann erwiderte aufgeregt: „Natürlich will ich deine Geschichte hören. Ich bin so gesegnet!"

Amma erzählte daraufhin folgende Geschichte:

„Eines Tages flog einem Mann im Schlaf eine Fliege in den weit geöffneten Mund. Seither fühlte der Mann, dass die Fliege noch in ihm weiterlebte.

Weil er ständig an die Fliege dachte, sorgte sich der arme Kerl immer mehr. Schon bald steigerte sich seine Besorgnis zu quälendem Leid, er wurde depressiv und konnte weder essen noch schlafen. Die ganze Lebensfreude hatte er verloren in Gedanken ständig mit der Fliege beschäftigt. Man konnte ihm dabei zusehen, wie er die Fliege von einem Körperteil zum anderen jagte.

In der Hoffnung, dass sie ihm dabei helfen könnten die Fliege loszuwerden, ging er zu Ärzten, Psychologen, Psychiatern und noch einigen anderen. Jeder sagte ihm: „Schau, dir fehlt nichts. In dir befindet sich keine Fliege. Selbst wenn, wäre sie schon längst gestorben. Hör' auf, dir Sorgen zu machen; du bist gesund!"

Der Mann glaubte jedoch keinem von ihnen und litt weiter. Eines Tages brachte ihn ein guter Freund zu einem Mahātmā. Nachdem dieser seiner Geschichte von der Fliege aufmerksam zugehört hatte, untersuchte der Mahātmā den Mann und sagte: „Sie haben Recht. Es befindet sich tatsächlich eine Fliege in ihnen. Ich kann sehen, wie sie sich bewegt."

Immer noch in seinen weit geöffneten Mund blickend, sagte der Meister: „O Gott! Sehen sie sich das an! Über die Monate hinweg ist sie ganz groß geworden."

In dem Moment, als der Mahātmā diese Worte sprach, drehte sich der Mann seinem Freund und seiner Frau zu und rief: „Seht ihr, diese Dummköpfe haben doch gar nichts verstanden! Er hier versteht mich. Im Handumdrehen hat er die Fliege entdeckt."

Der Mahātmā sagte: „Nicht bewegen! Auch nur die geringste Bewegung könnte die Behandlung stören." Daraufhin deckte er den Mann von Kopf bis Fuß mit einer dicken Decke zu. „Das wird die Behandlung beschleunigen. Ich will den ganzen Körper, ja sogar das Innere des Körpers abdunkeln, so dass die Fliege nichts mehr sehen kann. Sie sollten nicht mal ihre Augen öffnen!"

Der Mann vertraute dem Mahātmā bereits so sehr, dass er zu hundert Prozent bereit war, den Anweisungen des Mahātmās Folge zu leisten.

„Jetzt entspannen Sie sich und halten Sie still!" sagte der Mahātmā und ging in ein anderes Zimmer, um dort eine Fliege zu fangen. Schließlich erwischte er auch eine und kehrte mit der Fliege in einer Flasche zurück.

Er strich nun mit seinen Händen sanft über den Körper des Patienten. Gleichzeitig teilte der Mahātmā dem Mann mit, wo sich die Fliege gerade befand. Er sagte: „Okay, bewegen sie sich nicht, die Fliege sitzt jetzt in ihrem Bauch.... Aber bevor ich irgendetwas tun konnte, ist sie weggeflogen und hat sich auf ihre Lunge gesetzt. Fast hätte ich sie gefangen.... Oh nein, sie ist mir wieder entwischt! .... O je, ist die schnell! ... Jetzt sitzt sie wieder im Bauch.... Okay, ich werde jetzt ein Mantra rezitieren, welches die Fliege bewegungslos machen wird."

Dann tat er so, als ob er die Fliege fangen und sie aus dem Bauch des Mannes herausholen würde. Nach ein paar Sekunden bat der Mahātmā dann den Mann, seine Augen zu öffnen und die Decke zu entfernen. Als er soweit war, zeigte ihm der Mahātmā die Fliege, die er ja schon in der Flasche gefangen hatte.

Der Mann war überglücklich. Er fing an zu tanzen. Er sagte zu seiner Frau: „Ich habe dir doch hundert Mal gesagt, dass es stimmt, was ich sage und dass alle diese Psychologen Dummköpfe sind! Ich werde sofort zu ihnen gehen. Ich will mein ganzes Geld zurück!"

In Wirklichkeit gab es überhaupt gar keine Fliege. Der einzige Unterschied war, dass der Mahātmā auf den Mann einging; das hatten die anderen nicht getan. Sie sagten die Wahrheit, aber sie halfen ihm nicht. Der Mahātmā hingegen unterstützte ihn, nahm Anteil an seinen Sorgen, verstand ihn und zeigte ihm wahres Mitgefühl. Das half dem Mann dabei, seine Schwäche zu überwinden.

Er hatte ein tieferes Verständnis für den Mann, seine Leiden und seinen mentalen Zustand. Deshalb begab er sich auf seine Ebene hinab. Im Gegensatz dazu beharrten die anderen auf ihrer Sichtweise und gingen nicht auf den Patienten ein."

Amma machte eine Pause und fuhr dann fort: „Sohn, genauso ist es mit der Selbstverwirklichung. Der Meister tut so, als ob die Fliege der Unwissenheit – das Ego des Schülers – wirklich da ist. Der Meister bewegt dadurch den Schüller zu vollkommener Kooperationsbereitschaft, indem er den Schüler und seine Unwissenheit ernst nimmt. Ohne die Kooperation des Schülers kann der Meister gar nichts tun. Ein wirklich wissbegieriger Schüler wird jedoch kein Problem damit haben, mit einem Meister, der vertrauens- und glaubwürdig ist, zu kooperieren. Der Meister lässt sich voll und ganz auf den Schüler und dessen Schwächen ein, bevor er dem Schüler dabei hilft, zur Wirklichkeit zu erwachen. Die eigentliche Aufgabe eines wahren Meisters besteht darin, dem Schüler dabei zu helfen, selbst ein Meister aller Situationen zu werden."

Gebärmutter der Liebe

Frage: Neulich habe ich in einem Buch gelesen, dass wir alle eine „spirituellen Gebärmutter" besitzen. Existiert so etwas wirklich?

Amma: Das kann nur symbolisch gemeint sein. Ein sichtbares Organ, welches „spiritueller Mutterleib" genannt wird, gibt es nicht. Vielleicht ist damit die Empfänglichkeit gemeint, die wir alle entwickeln sollen, um die Liebe im Inneren zu spüren und zu erfahren. Gott hat jeder Frau eine Gebärmutter geschenkt, in welcher sie ein Kind tragen, es ernähren, versorgen und schließlich zur Welt bringen kann. Auf ähnliche Weise sollten wir in unserem Inneren genügend Raum schaffen, in dem die Liebe sich formen und wachsen kann. Unsere Meditationen, Gebete und Gesänge nähren und fördern diese Liebe und tragen dazu bei, dass das Kind der Liebe allmählich heranwachsen und sich über alle Grenzen hinweg ausdehnen kann. Wahre Liebe ist *Shakti* in ihrer reinsten Form.

Sind spirituelle Menschen etwas Besonderes?

Frage: Amma, findest du, dass Spiritualität und spirituelle Menschen etwas Besonderes sind?

Amma: Nein.

Frage: Sondern?

Amma: Spiritualität heißt, ein völlig normales Leben im Einklang mit unserem inneren Selbst zu führen. Daran ist also nichts besonders.

Frage: Willst Du damit sagen, dass nur spirituell gesinnte Menschen ein normales Leben führen?

Amma: Hat Amma das gesagt?

Frage: Nicht direkt, aber darauf läuft es nach deiner Aussage doch hinaus oder etwa nicht?

Amma: Das ist deine Interpretation von Ammas Worten.

Frage: Gut, aber was denkst du von der Mehrheit der Menschen, die in der Welt leben?

Amma: Nicht die Mehrheit – leben wir nicht alle in dieser Welt?

Frage: Amma, bitte...!

Amma: Solange wir in der Welt leben, sind wir alle weltliche Menschen. Was dich jedoch spirituell macht, ist die Art und Weise, wie du das Leben und die Erfahrungen, die es mit sich bringt, betrachtest, während du in der Welt lebst. Schau her, mein Sohn, jeder denkt, dass er ein normales Leben führt. Ob man nun ein normales Leben lebt oder nicht, sollte jeder einzelne durch genaue Selbstbeobachtung selber herausfinden. Wir sollten auch verstehen, dass Spiritualität nichts Ungewöhnliches oder Außergewöhnliches ist. Spiritualität dient nicht dazu, um etwas Besonderes zu werden, sondern um demütiger zu werden. Es ist außerdem wichtig zu verstehen, dass als Mensch geboren zu werden, an sich schon etwas sehr Besonderes ist.

Nur ein Zwischenstopp

Frage: Amma, warum ist losgelöst zu sein, so wichtig im spirituellen Leben?

Amma: Nicht nur Menschen, die einen spirituellen Weg verfolgen, sondern jeder, der sein Potential erhöhen und tieferen mentalen Frieden erfahren möchte, muss Losgelöstheit üben. Losgelöst zu sein heißt, ein Sākṣhī (Zeuge) von allen Erfahrungen im Leben zu sein.

Anhaftung bedeutet, den Mind zu beladen und Losgelöstheit oder Loslassen bedeutet, den Mind zu entladen. Je beladener der Mind ist, desto angespannter ist er und umso mehr wird er danach drängen sich zu entladen. In der heutigen Welt ist der Mind der Menschen immer mehr mit negativen Gedanken überfüllt. Das erzeugt ganz von selbst einen starken Drang, ein natürliches Bedürfnis für Losgelöstheit.

Frage: Amma, ich möchte wirklich gerne mehr losgelöst sein, aber manchmal bin ich nicht sehr entschlossen dabei.

Amma: Entschlossenheit kommt durch Achtsamkeit. Je achtsamer du bist, desto entschlossener bist du auch. Sohn, betrachte die Welt als einen Zwischenstopp – einen, der etwas länger dauert. Wir alle sind auf der Reise und dies ist nur ein weiterer Ort, den wir besuchen. Wie bei einer Reise mir Bus oder Bahn so begegnen wir auch hier vielen Mitreisenden, mit denen wir vielleicht sprechen und unsere Gedanken über das Leben und die Geschehnisse in der Welt austauschen. Bald schon könnten wir sogar eine Bindung zu unserem Sitznachbarn aufbauen.

Jedoch wie bei jeder Reise muss man am Ziel aussteigen. Sei dir deshalb in dem Moment bewusst, in dem du einem Menschen begegnest oder dich irgendwo niederlässt, dass du dich eines Tages wieder trennen musst. Hast du diese Achtsamkeit entwickelt und bist dazu noch positiv eingestellt, kann dich das sicher in allen Lebenssituationen lenken und leiten.

Frage: Amma, willst du damit sagen, dass man Losgelöstheit üben sollte, während man in der Welt lebt?

Amma: (lächelnd) Wo sonst kannst du losgelöst sein lernen, wenn nicht in der Welt? Nach dem Tod? Tatsächlich kann man die Angst vor dem Tod überwinden, indem man Loslösung übt. Das führt mit Sicherheit zu einem vollkommen schmerzfreien und glückseligen Tod.

Frage: Wie ist das möglich?

Amma: Denn, wenn du losgelöst bist, bleibst du selbst für die Erfahrung des Todes ein Sākṣhī (Zeuge). Losgelöstsein ist die richtige Einstellung, die korrekte Wahrnehmung. Wenn wir uns beim Anschauen eines Films mit den Figuren identifizieren und später versuchen, sie in unserem Leben nachzuahmen, ist das gut oder schlecht? Sieh einen Film mit dem Gewahrsein, dass es nur ein Film ist; dann wirst du ihn wirklich genießen. Der Weg, der wirklich zum Frieden führt, ist spirituelles Denken und eine spirituelle Lebensweise.

In einem Fluss badest du nicht für immer; du badest, um wieder erfrischt und sauber herauszusteigen. Wenn du also daran interessiert bist, ein spirituelles Leben zu führen, betrachte dein Leben als Hausfrau oder Hausmann als Möglichkeit, deine Vāsanās (Tendenzen) zu erschöpfen. Mit anderen Worten, erinnere dich daran, dass du ein Familienleben führst, nicht um dich immer tiefer darin zu verstricken, sondern um diese und andere damit verbundene Vāsanās zu erschöpfen und dich von der Bindung an Handlungen zu befreien. Dein Ziel sollte die Erschöpfung negativer Vāsanās sein, nicht ihre Anhäufung.

Was der Mind hört

Frage: Amma, wie definierst du „Mind"?

Amma: Der Mind hört nie das, was ihm gesagt wird, sondern nur das, was er hören will. Jemand sagt etwas zu dir und dein Mind versteht es ganz anders. Dann führt er an dem, was er gehört hat, eine Operation durch, indem er es zerschneidet, bearbeitet und neu zusammenfügt. Der Mind entfernt bei diesem Vorgang manches vom Original und fügt ihm dafür etwas anderes hinzu; er interpretiert und poliert es solange auf, bis es dir schließlich gefällt. Dann überzeugst du dich selbst davon, dass es das ist, was du gehört hast.

Es gibt einen kleinen Jungen, der mit seinen Eltern öfter in den Āśhrāma kommt. Eines Tages berichtete seine Mutter Amma von einem interessanten Vorfall, der sich Zuhause ereignet hatte. Die Mutter sagte zu ihrem Sohn, dass er das Lernen ein wenig ernster nehmen sollte, weil seine Prüfungen schon kurz bevorstünden. Dem Jungen war anderes wichtiger. Er wollte Sport machen und sich Filme ansehen. In dem darauffolgenden sagte der Junge schließlich zu seiner Mutter: „Mama, hast du nicht gehört, dass Amma in ihren Reden immer sagt, dass wir in der Gegenwart leben sollen? Mein Gott, ich verstehe nicht, warum du dir so viele Sorgen um meine Prüfungen machst – die ich noch gar nicht schreiben muss – wenn ich doch jetzt gerade etwas anderes zu tun habe." So hatte er es gehört und verstanden.

Liebe und Angstfreiheit

Um zu verdeutlichen wie Liebe alle Angst beseitigt, erzählte Amma folgende Geschichte:

Amma: Vor langer Zeit lebte in Indien ein König, der sein Land von seiner Festung auf der Spitze eines Berges aus regierte. Jeden Tag kam eine Frau in die Burg, um Milch zu verkaufen. Sie kam dort gegen sechs Uhr morgens an und verließ die Burg vor sechs Uhr abends. Pünktlich um sechs Uhr schlossen die riesigen Burgtore. Niemand kam dann mehr hinein- oder heraus, bis sie am nächsten Morgen wieder geöffnet wurden.

Jeden Morgen, wenn die Wächter die riesigen Eisentore öffneten, stand die Frau mit einem Milchgefäß auf dem Kopf da.

Eines Abends, als die Frau gerade am Ausgang ankam, war es schon ein paar Sekunden nach sechs Uhr und das Tor wurde gerade geschlossen. Zu Hause hatte sie einen kleinen Jungen, der darauf wartete, dass seine Mutter zurückkehrte. Die Frau fiel vor den Wächtern auf die Knie und flehte diese an sie doch hinauszulassen. Mit Tränen in den Augen sagte sie: „Bitte, habt Mitleid mit mir! Mein kleiner Junge kann nicht essen oder schlafen, wenn ich nicht bei ihm bin. Das arme Kind; er wird die ganze Nacht hindurch weinen, weil seine Mutter nicht da ist. Bitte! Lasst mich durch!" Die Wachen aber gaben nicht nach, weil sie nicht gegen die Vorschriften verstoßen durften.

Das Mädchen lief panisch in der Festung umher und versuchte verzweifelt, eine Stelle zu finden, an der sie hinauskonnte. Sie konnte den Gedanken nicht ertragen, dass ihr kleiner unschuldiger Junge voller Angst vergeblich auf ihre Rückkehr wartet.

Die Festung war umgeben von spitzen Felsen und Wäldern voller stachligem Gebüsch, Kriechtieren und giftigen Pflanzen. Bei Anbruch der Dunkelheit wurde die Mutter immer unruhiger und es drängte sie immer mehr zu ihrem Kind. Sie lief entlang der Festungsmauer und suchte eine Stelle, an der sie hinabklettern und irgendwie ihr Haus erreichen konnte. Schließlich fand sie eine Stelle, welche vergleichsweise weniger steil und nicht so tief aussah. Nachdem sie die Milchkanne im Gebüsch versteckt hatte, machte sie sich vorsichtig an den Abstieg. Dabei zog sie sich an einigen Stellen ihres Körpers Schnitte und Kratzer zu. Unbeirrt trieb sie der Gedanke an ihren Sohn an immer weiter runter zu klettern. Schließlich schaffte sie es und erreichte den Fuß des Berges. Die Frau eilte nach Hause und verbrachte die Nacht glücklich mit ihrem Sohn.

Als die Wächter am nächsten Morgen die Burgtore öffneten, waren sie überrascht, dieselbe Frau, vor den Toren wieder vorzufinden.

„Kann eine gewöhnliche Milchfrau von unserer unbesiegbaren Festung hinabklettern, dann muss es eine Stelle geben, an der Feinde eindringen und uns angreifen können", dachten sie. Da sie den Ernst der Lage erkannten, nahmen die Torwächter die junge Frau umgehend fest und brachten sie vor den König.

Der König war ein sehr verständiger und weiser Mann. Die Bewohner des Landes priesen seine Weisheit, Tapferkeit und sein edles Wesen. Er empfing die Milchfrau mit höchster Höflichkeit. Mit zum Gruß gefalteten Händen sagte er: „Bist du wirklich, wie meine Wachen es berichten, letzte Nacht von hier entkommen – oh Mutter, bitte sei so freundlich und zeige mir die Stelle, an der du es geschafft hast hinabzuklettern?"

Die Milchfrau führte den König, seine Minister und die Wachen an die betreffende Stelle. Dort holte sie die Milchkanne hervor, welche sie am Abend zuvor im Gebüsch versteckt hatte und zeigte sie dem König. Die steile Felswand hinabblickend, fragte sie der König: „Mutter, könntest du uns bitte zeigen, wie du letzte Nacht hier herunterklettern konntest?"

Die Frau blickte die steile, bedrohliche Bergwand hinab und zitterte vor Angst. „Nein, das kann ich nicht!" rief sie aus.

„Wie hast du es dann gestern Abend geschafft?" fragte der König.

„Ich weiß es nicht", erwiderte sie.

„Aber ich weiß es", sagte der König sanft. „Es war die Liebe zu deinem Sohn, welche dir die Kraft und den Mut gegeben hat, um das Unmögliche zu vollbringen."

Wahre Liebe geht über Körper, Mind und alle Ängste hinaus. Die Kraft reiner Liebe ist unbegrenzt. So eine Liebe umfasst und durchdringt alles, in ihr kann man das Eins-Sein erfahren. Liebe ist der Atem der Seele. Niemand wird sagen: „Ich atme nur in der Gegenwart meiner Frau, meiner Kinder, Eltern und Freunde, in der Gegenwart meiner Feinde kann ich nicht atmen weder in der Gegenwart derer, die mich hassen oder derer, welche mich missbrauchten." So kannst du nicht am Leben bleiben; du wirst sterben. Ebenso ist Liebe jenseits aller Unterschiede, sie ist überall gegenwärtig. Sie ist unsere Lebenskraft.

Reine, unschuldige Liebe macht alles möglich. Ist dein Herz mit der reinen Energie der Liebe erfüllt, wird selbst die schwierigste Aufgabe so leicht wie das Pflücken einer Blume.

Warum gibt es Kriege?

Frage: Amma, warum gibt es so viel Krieg und Gewalt?

Amma: Aus mangelndem Verstehen.

Frage: Was ist mangelndes Verstehen?

Amma: Abwesenheit von Mitgefühl.

Frage: Hängen Verstehen und Mitgefühl miteinander zusammen?

Amma: Ja, entsteht wirkliches Verstehen, siehst du über die Schwächen des anderen hinweg und lernst ihn wirklich zu achten. Daraus entwickelt sich Liebe. Erwacht reine Liebe im Inneren, erwacht auch das Mitgefühl.

Frage: Amma, ich habe gehört, wie Du gesagt hast, dass das Ego die Ursache von Krieg und Gewalt ist.

Amma: Das stimmt. Unreifes Ego und mangelndes Verstehen sind fast das gleiche. Wir benutzen so viele unterschiedliche Wörter, aber im Grunde meinen sie alle dasselbe.

Verlieren Menschen den Kontakt mit ihrem inneren Selbst und identifizieren sich mehr mit ihrem Ego, kann es nur Krieg und Gewalt geben. Genau das geschieht in der heutigen Welt.

Frage: Amma, behauptest du, dass die Menschen die äußere Welt zu wichtig nehmen?

Amma: Eigentlich sollten die Zivilisation (äußerlicher Komfort und Fortschritt) und Saṁskāra (das Kultivieren edler Gedanken und Eigenschaften) Hand in Hand gehen. Was aber sehen wir in der heutigen Gesellschaft? Rasch verkommende spirituelle Werte, nicht wahr? Konflikt und Krieg sind der niedrigste Punkt der Existenz und der höchste ist Saṁskāra.

Der Zustand der heutigen Welt kann am besten mit folgendem Beispiel beschrieben werden: Stell dir eine sehr enge Straße vor. Zwei Autos fahren aufeinander zu, beide Fahrer treten erst auf die Bremse, als die Fahrzeuge sich fast berühren. Setzt nicht einer von beiden zurück und lässt den anderen vorbeifahren, können sie nicht weiterfahren. Doch beide Fahrer schalten auf stur, warten in ihren Sitzen und bestehen beide fest darauf, dass sie keinen einzigen Zentimeter weichen. Die Situation kann nur gelöst werden, indem einer von ihnen ein wenig demütig ist und bereitwillig den anderen vorbeilässt. Dann können beide problemlos an ihr Ziel gelangen. Derjenige, der nachgibt, kann sich auch darüber freuen, dass der andere nur wegen ihm weiterfahren kann.

Amma glücklich machen

Frage: Amma, wie kann ich dir dienen?

Amma: Indem du anderen selbstlos dienst.

Frage: Was kann ich tun, um dich glücklich zu machen?

Amma: Hilf anderen, glücklich zu sein. Das macht Amma wirklich glücklich.

Frage: Amma, willst du denn gar nichts von mir?

Amma: Doch, Amma will, dass du glücklich bist.

Frage: Amma, du bist so schön!

Amma: Aber diese Schönheit liegt auch in dir. Du musst sie nur finden.

Frage: Ich liebe dich, Amma!

Amma: Tochter, in Wirklichkeit sind du und Amma nicht zwei. Wir sind eins. Deshalb gibt es nichts außer Liebe.

Das wahre Problem

Frage: Amma, du sagst, dass alles Eins ist. Ich sehe aber alles als voneinander getrennt. Warum?

Amma: Es ist kein Problem, wenn du die Dinge als getrennt voneinander oder als verschieden ansiehst. Das wahre Problem besteht darin, die Einheit hinter der Vielfalt nicht zu sehen. Das ist eine falsche Wahrnehmung, die tatsächlich eine Begrenzung darstellt. Die Perspektive, wie du die Welt und das, was um dich herum geschieht, betrachtest, muss korrigiert werden; dann wird sich alles von selbst ändern.

Lässt die Sehkraft unserer äußeren Augen nach, d.h. wenn wir beginnen, Objekte doppelt zu sehen, muss unsere Sicht korrigiert werden. Genauso muss die innere Sicht, gemäß den Anweisungen von jemandem, der in diesem Eins-Sein lebt und darin verankert ist einem Satguru - berichtigt werden.

An der Welt ist nichts verkehrt

Frage: Was ist los mit der Welt? Es sieht nicht gut aus! Was können wir tun?

Amma: An der Welt ist nichts verkehrt. Das Problem liegt im menschlichen Mind – im Ego. Es ist das unkontrollierte Ego, das in der Welt die Probleme bereitet. Etwas mehr verständnisvoll und etwas mehr Mitgefühl, würde sehr viel ändern.

Das Ego regiert die Welt. Die Menschen sind hilflose Opfer ihres Egos. Einfühlsame Menschen mit mitfühlenden Herzen sind schwer zu finden. Finde deine eigene innere Harmonie, die wunderbare Melodie deines Lebens und die Liebe im Inneren. Geh hinaus und diene den Notleidenden! Lerne, andere wichtiger als dich selbst zu betrachten. Verliebe dich jedoch nicht in dein eigenes Ego, während du andere liebst und ihnen dienst. Behalte dein Ego, aber sei ein Meister deines eigenen Minds und Egos. Achte jeden, denn das ist das Tor zu Gott und deinem eigenen Selbst.

Den Spirituellen Weg beschreiten - Warum?

Frage: Warum sollte man den spirituellen Weg gehen?

Amma: Das ist, als ob der Samen fragen würde: „Warum sollte ich mich in die Erde begeben, aufgehen und nach oben sprießen?"

Spirituelle Energie richtig nutzen

Frage: Manche Menschen verlieren durch spirituelle Übungen den Verstand. Warum passiert das?

Amma: Spirituelle Übungen bereiten deinen begrenzten Körper und Mind darauf vor, von universeller *Śhakti* erfüllt zu werden. Sie öffnen in dir das Tor zu höherem Bewusstsein. Mit anderen Worten: Sie sind ein direkter Kanal für reine Śhakti. Bist du nicht vorsichtig, können sie mentale und körperliche Probleme verursachen. Zum Beispiel hilft uns das Licht, damit wir sehen können. Zu viel Licht wird unsere Augen jedoch schädigen. Genauso ist auch Śhakti oder Glückseligkeit etwas sehr Nützliches. Weißt du jedoch nicht, wie man richtig damit umgeht, kann das gefährlich werden. Nur die Anleitung eines Satgurus kann dir dabei wirklich weiterhelfen.

Leid und Liebe eines unschuldigen Herzens

Ein kleiner Junge rannte zu Amma und zeigte ihr seine rechte Handfläche. Amma hielt liebevoll seinen Finger und fragte auf Englisch: „Was ist los, Kind?" Er drehte sich um und sagte: „Da...!"

Amma: (auf Englisch) Was „da"?

Kleiner Junge: Papa....

Amma: (auf Englisch) Was „Papa"?

Kleiner Junge: (auf seine Handfläche zeigend) Papa hier sitzen.

Amma: (das Kind fest umarmend und Englisch sprechend) Amma Papa rufen!

In dem Moment kam der Vater vor zu Amma. Er sagte, dass er sich diesen Morgen zuhause versehentlich auf die Hand des Jungen gesetzt hatte. Der kleine Junge wollte Amma dies erzählen.

Den Jungen noch immer in dem Arm haltend, sagte Amma: „Schau, mein Kleiner, Amma wird deinem Papa Haue geben, okay?"

Der Junge nickte. Amma tat so, als ob sie den Vater schlagen würde und der Vater des Jungen gab vor zu weinen. Plötzlich ergriff der Junge Ammas Hand und sagte: „Genug!"

Amma lachte und drückte den Jungen noch fester an sich. Auch die Devotees mussten lachen.

Amma: Seht, er liebt seinen Vater. Er will nicht, dass irgendjemand seinem Papa weh tut.

Genauso, wie der kleine Junge, der zu Amma kam und ihr sein Herz völlig vorbehaltlos öffnete, so solltet auch ihr, Kinder, lernen, wie man sein Herz vor Gott ausschüttet. Obwohl Amma nur so tat, als ob sie seinen Vater schlagen würde, war es für den Jungen echt. Er wollte nicht, dass seinem Vater etwas geschieht. Ebenso solltet ihr, Kinder, das Leid anderer verstehen und allen gegenüber mitfühlend sein.

Den träumenden Schüler aufwecken

Frage: Wie hilft der Guru dem Schüler dabei, sein Ego zu überwinden?

Amma: Indem er die dafür notwendigen Situationen schafft. Eigentlich ist es das Mitgefühl des Satgurus, welches dem Schüler hilft.

Frage: Was genau hilft dem Schüler dann? Die Situationen oder das Mitgefühl des Gurus?

Amma: Die Situationen entstehen als eine Folge des unendlichen Mitgefühls des Satgurus.

Frage: Sind diese Situationen normale Situationen oder sind sie besonders?

Amma: Es werden normale Situationen sein. Sie sind jedoch auch besonders, weil sie eine weitere Form des Segens des Satguru sind, um den Schüler spirituell zu erheben.

Frage: Tauchen während dieses Prozesses, in dem das Ego entfernt wird, Konflikte zwischen Guru und Schüler auf?

Amma: Der Mind wird sich auflehnen und protestieren, weil er weiterhin schlafen und träumen möchte. Er will nicht gestört werden. Ein wahrer Meister aber stört den Schlaf des Schülers. Das einzige Ziel des Satguru besteht darin, den Schüler aufzuwecken. Scheinbar besteht also ein Widerspruch. Ein wahrer Schüler, der *Shraddhā* besitzt, setzt jedoch sein Unterscheidungsvermögen ein, um solche inneren Konflikte zu überwinden.

Dem Guru gehorchen

Frage: Wird vollkommener Gehorsam dem Guru gegenüber letztendlich zum Tod des Egos führen?

Amma: Ja, das wird er. In der Kathōpaniṣhad wird der Satguru durch Yama, den Herrn des Todes, dargestellt, weil der Guru ein Symbol für den Tod des Egos des Schülers ist. Dieser Tod des Egos kann nur mit der Hilfe eines Satgurus eintreten.

Der Gehorsam des Schülers kommt von seiner Liebe für den Satguru. Der Schüler fühlt sich von der Selbstaufopferung und dem Mitgefühl des Meisters sehr inspiriert. Von diesem Wesenszug des Gurus ist er so tief bewegt, dass er ihm gegenüber völlig offen und gehorsam bleibt.

Frage: Man muss außerordentlich mutig sein, um sich dem Tod des Egos zu stellen oder?

Amma: Sicherlich, deshalb sind auch nur so wenige dazu in der Lage. Zuzulassen, dass das Ego stirbt, ist wie an das Tor des Todes zu klopfen. Genau das hat Nachiketas, der junge Suchende aus der Kathōpaniṣhad, getan. Besitzt du aber den Mut und die Entschlossenheit, um an das Tor des Todes zu klopfen, wirst du feststellen, dass es gar keinen Tod gibt. Denn selbst der Tod oder der Tod des Egos ist eine Illusion.

Der Horizont ist hier

Frage: Wo liegt das Selbst verborgen?

Amma: Das ist, als ob man fragen würde: „Wo bin ich verborgen?" Du bist nirgendwo verborgen. Du bist in dir. Ebenso ist auch das Selbst zugleich in dir und außerhalb von dir.

Vom Strand aus gesehen sieht es so aus, als ob sich der Ozean und der Horizont an einer bestimmten Stelle berühren. Angenommen dort befindet sich eine Insel. Es sieht so aus, als ob die Bäume den Himmel berühren. Gehen wir jedoch dort hin, können wir dann den Berührungspunkt sehen? Nein, im Gegenteil, auch dieser Punkt entfernt sich immer mehr. Er wird dann anderswo sein. Wo ist der Horizont in Wirklichkeit? Der Horizont ist genau da, wo wir stehen, richtig? Ebenso ist auch das, wonach du suchst, genau hier. So lange wir jedoch von unserem Körper und Mind hypnotisiert sind, hat es den Anschein, als ob das Selbst weit von uns entfernt ist.

Was das höchste Bewusstsein betrifft, bist du wie ein Bettler. Der wahre Meister erscheint und sagt zu dir: „Sieh her, dir gehört das gesamte Universum. Wirf deine Bettelschale fort und suche nach dem Schatz, der in dir verborgen liegt!"

Doch weil du dir der Wirklichkeit nicht bewusst bist, erwiderst du hartnäckig: „Du redest Unsinn! Ich bin ein Bettler und ich werde mein Leben lang weiter betteln! Lass mich bitte in Ruhe!" Ein *Satguru* lässt es darauf jedoch nicht beruhen. Der Satguru führt dir immer wieder die gleiche Wahrheit vor Augen, bis du davon überzeugt bist und zu suchen beginnst.

Kurz gesagt: Der Satguru hilft uns dabei, zu erkennen, dass unser Mind in einem Zustand des Bettelns ist. Er drängt uns dazu, die Bettelschale wegzuwerfen und hilft uns dabei, zum Besitzer des Universums zu werden.

Glaube und Rosenkranz

Es war Dēvī Bhāva in San Ramon, Kalifornien. Ich wollte gerade zum Bhajan-Singen gehen, als eine Frau auf mich zukam. Sie hatte Tränen in den Augen.

Sie sagte: „Ich habe etwas verloren, was sehr kostbar für mich ist."

Die Frau klang sehr verzweifelt. Sie sagte: „Ich habe oben auf dem Balkon mit dem Rosenkranz, den mir meine Großmutter gegeben hat, geschlafen. Als ich aufwachte, war er weg. Jemand hat ihn gestohlen. Er war unendlich wertvoll für mich. Oh Gott, was soll ich jetzt nur tun?" Sie fing an zu weinen.

„Hast du bei den Fundsachen nachgeschaut?" fragte ich.

„Ja", sagte sie, „dort war er aber nicht."

Ich sagte: „Bitte weine nicht! Lass uns eine Durchsage machen. Falls ihn jemand gefunden oder versehentlich mitgenommen hat, bringt er ihn vielleicht zurück, wenn du erklärst, wie wertvoll er für dich ist."

Ich wollte gerade mit ihr zum Tonstudio gehen, als sie sagte: „Wie konnte so etwas an einem Dēvī Bhāva Abend geschehen, wo ich doch wegen Ammas Darśhan hierhergekommen bin?"

Als ich sie dies sagen hörte, entfuhr es mir spontan: „Schau, du warst nicht aufmerksam genug! Das ist der Grund, warum du den Rosenkranz verloren hast. Warum hast du mit dem Rosenkranz in der Hand geschlafen, wenn er doch so wertvoll ist? Heute Nacht kommen hier viele Menschen zusammen. Amma grenzt niemanden aus. Sie erlaubt jedem, teilzunehmen und sich zu freuen. Daher hättest du besser auf den Rosenkranz achten sollen. Anstatt selbst die Verantwortung zu übernehmen, dass du unachtsam warst, beschuldigst du Amma dafür."

Die Frau war nicht zu überzeugen. Sie sagte: „Mein Glaube an Amma ist erschüttert."

Ich fragte sie: „Hattest du denn wirklichen Glauben, den du verlieren konntest? Wenn du wirklichen Glauben hast, wie kannst du ihn dann verlieren?"

Sie sagte nichts dazu. Dennoch begleitete ich sie zum Tonstudio, wo sie eine Durchsage machte.

Ein paar Stunden später, als ich mit dem Singen fertig war, traf ich die Frau am Haupteingang der Halle. Sie wartete darauf mich zu sehen. Die Frau erzählte mir, dass sie den Rosenkranz wieder gefunden hätte. Jemand sah ihn tatsächlich auf dem Balkon liegen. In der Annahme, dass es ein Geschenk von Amma ist, nahm er ihn mit. Als er jedoch die Durchsage hörte, brachte er ihn zurück.

Die Frau sagte: „Danke für ihren Vorschlag!"

„Danken sie Amma, die so mitfühlend war und nicht wollte, dass du deinen Glauben verlierst", antwortete ich. Bevor ich mich von ihr verabschiedete, sagte ich zu ihr: „Auch wenn alle möglichen Menschen hier versammelt sind, lieben sie alle Amma; sonst hättest du den Rosenkranz nie wieder gesehen."

Liebe und Hingabe

Frage: Amma, was ist der Unterschied zwischen Liebe und Hingabe?

Amma: Liebe ist an Bedingungen gebunden. Hingabe ist bedingungslos.

Frage: Was bedeutet das?

Amma: In der Liebe gibt es den Liebenden und die Geliebte, den Schüler und den Meister, den Devotee und Gott. In der Hingabe aber verschwinden die zwei. Da gibt es nur noch den Meister; nur noch Gott.

Achtsamkeit und Wachsamkeit

Frage: Sind Achtsamkeit und Śhraddhā dasselbe?

Amma: Ja, je mehr Śhraddhā du hast umso bewusster bist du. Mangelnde Bewusstheit verursacht Hindernisse auf dem Weg zur ewigen Freiheit. Das ist wie bei einer Fahrt durch den Nebel. Man hat keine klare Sicht. Es ist auch gefährlich, weil sich jederzeit ein Unfall ereignen kann. Andererseits hilft dir Handeln mit Bewusstheit, deine innewohnende Göttlichkeit zu erkennen. Sie helfen dir dabei, dass deine Sicht zusehends klarer wird.

Glaube macht alles leichter

Frage: Warum ist die Selbstverwirklichung so schwer zu erlangen?

Amma: Eigentlich ist Selbstverwirklichung leicht zu erlangen, weil Ātman, das Selbst uns am allernächsten ist. Es ist der Mind, der es so schwierig macht.

Frage: Aber in den Schriften wird es nicht so dargestellt und auch die Großen Meister sagen etwas anderes. Die Methoden und Mittel, um zur Selbstverwirklichung zu gelangen, sind so hart und streng.

Amma: Die Schriften und die großen Meister versuchen immer, es leicht zu gestalten. Sie erinnern dich stets daran, dass das Selbst oder Gott, dein wahres Wesen ist, was bedeutet, dass es nicht weit von dir entfernt ist. Es ist dein wahres Selbst, dein wahres Gesicht. Du musst jedoch daran glauben, um diese Wahrheit in dich aufzunehmen. Fehlender Glaube erschwert den Weg und Glaube erleichtert ihn. Sage zu einem Kind: „Du bist ein König!" und in Sekundenschnelle wird es sich mit dieser Rolle identifizieren und sich wie ein König verhalten. Haben Erwachsene solch einen Glauben? Nein, haben sie nicht. Deshalb ist es für sie schwierig.

Ausrichtung auf das Ziel

Frage: Amma, wie kann man seine spirituelle Reise beschleunigen?

Amma: Das kann durch ernsthaftes Sādhanā geschehen, indem du dich auf das Ziel ausrichtest. Denke immer daran, dass deine physische Existenz in dieser Welt dafür gedacht ist, dass du spirituellen Fortschritt machst. Dein Denken und deine Lebensweise sollten so sein, dass sie dir dabei helfen, auf dem Weg voranzukommen.

Frage: Ist „auf das Ziel ausgerichtet sein" dasselbe wie „losgelöst sein"?

Amma: Jemand, der auf das Ziel konzentriert ist, entwickelt automatisch Losgelöstheit. Wenn du zum Beispiel in eine andere Stadt fährst, in der du wichtige Geschäfte zu erledigen hast, ist dein Mind immer auf dein Ziel gerichtet, richtig? Vielleicht siehst du einen schönen Park und einen See, ein nettes Restaurant, einen Jongleur, der mit 15 Bällen gleichzeitig jongliert und so weiter. Aber fühlst du dich von irgendetwas davon angezogen? Nein. Dein Mind wird sich für diese Dinge nicht interessieren und nur auf das Ziel gerichtet sein. So entsteht auch Losgelöstheit automatisch, wenn man wirklich auf das Ziel konzentriert ist.

Tätigsein und Anhaften

Frage: Manche Leute glauben, dass durch tätig sein der spirituelle Weg behindert wird und man deshalb lieber nicht handeln sollte. Stimmt das?

Amma: Dies ist wahrscheinlich die Definition eines Faulpelzes. Karma (Handlung) an sich ist nicht gefährlich. Wenn es jedoch nicht mit Mitgefühl gekoppelt ist und man handelt mit Hintergedanken und nur zu Zwecke der Selbstbestätigung, dann wird es gefährlich. Zum Beispiel sollte ein Arzt während einer Operation ganz achtsam sein und außerdem eine mitfühlende Haltung haben, so dass der Patient sicher ist. Denkt der Arzt hingegen bei der Operation über Angelegenheiten von zu Hause nach, ist er weniger achtsam, So ein Karma ist Adharma. Andererseits kann das befriedigende Gefühl nach einer erfolgreichen Operation den Arzt erheben, wenn er es in die richtigen Bahnen lenkt. Mit anderen Worten: Führt man Karma mit Achtsamkeit und Mitgefühl aus, beschleunigt es den eigenen spirituellen Fortschritt. Handeln wir jedoch mit wenig oder gar keiner Achtsamkeit und ohne Mitgefühl, wird es gefährlich.

Unterscheidungsvermögen entwickeln

Frage: Amma, wie können wir mehr Unterscheidungsvermögen entwickeln?

Amma: Durch besonnenes Handeln.

Frage: Ist ein klar unterscheidender Mind ein gereifter Mind?

Amma: Ja, ein spirituell gereifter Mind.

Frage: Wird ein solcher Mind zu mehr fähig sein?

Amma: Er wird zu mehr fähig sein und mehr verstehen.

Frage: Was verstehen?

Amma: Alles verstehen, jede Situation und jede Erfahrung.

Frage: Du meinst auch die negativen und schmerzhaften Situationen?

Amma: Ja, alle! Selbst schmerzhafte Erfahrungen wirken sich, wenn sie tiefgründig verstanden werden, positiv auf unser Leben aus. Gleich unter der Oberfläche aller Erfahrungen – seien es gute oder schlechte – liegt eine spirituelle Botschaft. Alles von außen zu betrachten ist Materialismus und alles von innen her zu betrachten ist Spiritualität.

Der letzte Schritt

Frage: Amma, gibt es einen Punkt im Leben eines Suchenden, an dem er einfach nur warten muss?

Amma: Ja. Wenn er über lange Zeit spirituelle Übungen ausgeführt hat, das heißt, wenn er alle nötigen Bemühungen unternommen hat, wird der Sādhak an einen Punkt kommen, an dem er jegliches Sādhanā einstellen und geduldig darauf warten muss, dass die Verwirklichung eintritt.

Frage: Kann der Suchende zu diesem Zeitpunkt den Schritt selbst machen?

Amma: Nein. In der Tat ist dies ein kritischer Punkt, an dem der Sādhak unglaublich viel Unterstützung braucht.

Frage: Wird der Guru ihm diese Hilfe zukommen lassen?

Amma: Ja, nur die Gnade eines Satguru kann dem Sādhak an diesem Punkt weiterhelfen. Jetzt muss der Sādhak vollkommen geduldig sein. Denn der Sādhak hat alles getan was er tun konnte; hat sich über alle Maßen bemüht. Nun ist der Sādhak hilflos. Er weiß nicht, wie man den letzten Schritt macht. Er könnte zu diesem Zeitpunkt vielleicht verwirrt sein und sich wieder der Welt zuwenden, weil er glaubt, dass es so etwas wie Selbstverwirklichung nicht gibt. Nur die Gegenwart und die Gnade des Satgurus werden den Schüler motivieren und ihm dabei helfen, diesen Zustand zu überwinden.

Der glücklichste Moment
in Ammas Leben

Frage: Amma, was ist der glücklichste Moment in deinem Leben?

Amma: Jeder Moment.

Frage: Das heißt?

Amma: Das heißt, dass Amma ständig glücklich ist, weil es für Amma nur reine Liebe gibt.

Amma sagte eine Zeit lang nichts. Der Darśhan ging weiter. Dann gab ein Devotee Amma ein Bild der Göttin Kāḷī, die auf der Brust von Lord Śhiva tanzt, um es von ihr segnen zu lassen. Amma zeigte dem Devotee in der Fragereihe das Bild.

Amma: Schau dir dieses Bild an. Obwohl Kālī böse aussieht, ist sie in einer glückseligen Stimmung. Weißt du warum? Weil sie gerade den Kopf, das Ego ihres geliebten Schülers abgehauen hat. Man sagt, dass der Kopf der Sitz des Egos ist. Kālī zelebriert diesen kostbaren Moment, in dem ihr Schüler sein Ego vollkommen überwunden hat. Eine weitere Seele, die lange in Dunkelheit wandelte, wurde aus den Fängen von Māyā befreit.

Erlangt jemand die Befreiung, steigt die Kuṇḍalinī Śhakti der gesamten Schöpfung auf und erwacht. Von da an sieht er oder sie alles als göttlich an. So nimmt ein nie endendes Fest seinen Anfang. Kālī tanzt also in Ekstase.

Frage: Heißt das, dass auch für Dich der glücklichste Moment der ist, in dem deine Kinder dazu fähig sind, über ihr Ego hinauszugehen?

Ein strahlendes Lächeln erhellte Ammas Gesicht.

Das größte Geschenk
von Amma

Ein älterer Herr, der Krebs im fortgeschrittenen Stadium hatte, kam zu Ammas Darśhan. Weil er wusste, dass er sehr bald sterben würde, sagte er: „Auf Wiedersehen, Amma! Ich danke dir so sehr für alles, was du mir geschenkt hast. Du hast dieses Kind mit reiner Liebe übergossen und hast mir in dieser leidvollen Zeit den Weg gezeigt. Ohne dich wäre ich schon längst zusammengebrochen. Lass diese Seele immer ganz nah bei dir sein." Mit diesen Worten nahm der Mann Ammas Hand und legte sie auf seine Brust.

Dann brach der Mann in Schluchzen aus und bedeckte sein Gesicht mit beiden Händen. Amma legte ihn liebevoll an ihre Schulter, während sie die Tränen, die über ihre eigenen Wangen liefen, wegwischte.

Dann hob Amma seinen Kopf von ihrer Schulter und schaute ihm tief in die Augen. Er hörte auf zu weinen und sah sogar fröhlich und stark aus. Er sagte: „Wegen all der Liebe, die du mir gegeben hast, Amma, ist dein Kind nicht traurig. Meine einzige Sorge ist, ob ich auch nach meinem Tod in deinem Schoß verweilen werde. Das ist der Grund, warum ich weinte. Sonst geht es mir gut."

Voller Liebe und Besorgnis blickte Amma in seine Augen und sagte: „Sorge dich nicht, mein Kind! Amma versichert dir, dass du für immer in ihrem Schoß weilen wirst!"

Das Gesicht des Mannes wurde plötzlich mit einer unglaublichen Freude erhellt. Er sah so friedlich aus. Als er ging, schaute Amma ihm mit feuchten Augen nach.

Wirkung von Liebe

Frage: Amma, wenn alles von Bewusstsein durchdrungen ist, besitzen dann auch leblose Objekte Bewusstsein?

Amma: Sie haben Bewusstsein, welches du nicht wahrnehmen oder verstehen kannst.

Frage: Wie können wir es verstehen?

Amma: Durch reine Liebe. Liebe verleiht allem Leben und Bewusstsein.

Frage: Ich habe Liebe, aber ich kann nicht sehen, dass alles lebendig und bewusst ist.

Amma: Das heißt, dass mit deiner Liebe irgendetwas nicht stimmt.

Frage: Liebe ist Liebe. Wie kann mit der Liebe etwas nicht stimmen?

Amma: Wahre Liebe hilft uns dabei, das Leben und die Lebenskraft überall wahrzunehmen. Befähigt dich deine Liebe nicht dazu das zu sehen, dann ist diese Liebe keine wirkliche Liebe. Es ist eine Scheinliebe.

Frage: Aber das ist etwas, was sehr schwer zu verstehen und umzusetzen ist, nicht wahr?

Amma: Nein, ist es nicht.

Die Frau schwieg mit einem verwirrten Ausdruck im Gesicht.

Amma: Es ist nicht so schwer, wie du denkst. Eigentlich tut es fast jeder, jedoch sind wir uns dessen nicht bewusst.

Genau zu diesem Zeitpunkt brachte eine Frau ihre Katze, um sie von Amma segnen zu lassen. Amma sagte eine Zeit lang nichts. Sie hielt die Katze für ein paar Momente liebevoll im Arm und streichelte sie. Dann strich sie etwas Sandelholzpaste auf ihre Stirn und fütterte sie mit einem 'Hershey's Kiss'.

Amma: Männlein oder Weiblein?

Frau: Weiblein.

Amma: Wie heißt sie?

Frau: Rose.... (in einem äußerst besorgten Ton) Die letzten zwei Tage ging es ihr gar nicht gut. Bitte segne sie, Amma, damit sie schnell wieder gesund wird! Sie ist meine treue Freundin und Begleiterin.

Während die Frau dies sagte, füllten sich ihre Augen mit Tränen. Amma
rieb die Katze liebevoll mit ein wenig heiliger Asche ein und gab sie der
Frau zurück, welche daraufhin glücklich aufstand und ging.

Amma: Für diese Tochter ist ihre Katze nicht nur eine unter Millionen von Katzen; ihre Katze ist für sie einmalig. Sie ist fast wie ein Mensch für die Frau. In ihren Augen hat ihre „Rose" eine eigene Persönlichkeit. Warum? Weil sie diese Katze so sehr liebt. Sie ist sehr mit ihr identifiziert.

Das Gleiche tun doch Menschen auf der ganzen Welt oder etwa nicht? Sie geben ihren Katzen, Hunden, Papageien und manchmal sogar Bäumen Namen. Haben sie ihnen erst einmal einen Namen gegeben und sie in Besitz genommen, ist das Tier, der Vogel oder die Pflanze für diese bestimmte Person unverwechselbar und unterscheidet sich von allen anderen. Es ist mehr als ein bloßes Lebewesen. Die Identifikation des Menschen mit dem Tier oder der Pflanze verleiht ihm eine neue Lebensenergie.

Schau dir kleine Kinder an. Eine Puppe wird für sie zu einem lebendigen und bewussten Ding. Sie unterhalten sich mit der Puppe, füttern sie und schlafen mit ihr. Was verleiht der Puppe Leben? Die Liebe des Kindes zu ihr, nicht wahr? Liebe kann selbst ein lebloses Objekt in ein lebendiges und bewusstes Wesen verwandeln.

Nun sag' Amma, ob es schwer ist so zu lieben?

Lernen vergeben

Mann: Amma, gibt es etwas, was du mir jetzt gerne sagen möchtest? Irgendeine besondere Anweisung für mich zu diesem Zeitpunkt in meinem Leben?

Amma: (lächelnd) Sei geduldig!

Mann: Ist das alles?

Amma: Das ist eine Menge.

Der Devotee hatte sich schon weggedreht und war ein paar Schritte gegangen, als Amma ihm zurief: "...und vergib auch!"

Als er Ammas Worte hörte, drehte sich der Mann um und fragte:
„Hast du mit mir geredet?"

Amma: Ja, mit dir.

Der Mann kehrte wieder nahe an Ammas Stuhl zurück.

Mann: Ich bin mir sicher, dass das ein Hinweis für mich ist, weil das bis jetzt immer meine Erfahrung war. Amma, bitte sag mir klar und deutlich, was du anweist.

Amma gab weiter Darśhan, während der Mann darauf wartete mehr zu erfahren. Eine Zeit lang sagte sie gar nichts.

Amma: Da muss es irgendetwas geben, irgendein Ereignis oder eine Situation, an die du plötzlich dachtest. Warum sonst hättest du so schnell reagiert, als du Amma „vergib auch" sagen hörtest? Sohn, du hast anders reagiert, als Amma dir gesagt hat, dass du geduldig sein sollst. Du hast es hingenommen und bist weggegangen oder etwa nicht? Irgendetwas beschäftigt dich also sehr.

Nachdem er Ammas Worte vernommen hatte, saß der Mann eine Zeit lang still und mit gesenktem Kopf da. Plötzlich fing er an zu schluchzen und bedeckte sein Gesicht mit seinen Händen. Amma konnte nicht mit ansehen, wie ihr Kind weite. Liebevoll wischte sie seine Tränen weg und rieb seine Brust.

Amma: Keine Sorge, mein Sohn. Amma ist bei dir.

Mann: (schluchzend) Du hast recht. Ich bin nicht fähig, meinem Sohn zu vergeben. Seit einem Jahr habe ich nicht mehr mit ihm gesprochen. Ich bin tief verletzt und sehr wütend auf ihn. Amma, bitte hilf!

Amma: (den Devotee mitfühlend anblickend) Amma versteht dich.

Mann: Vor ungefähr einem Jahr kam er eines Tages völlig betrunken nach Hause. Als ich ihn deshalb zur Rede stellte, wurde er gewalttätig, schrie mich an und fing dann an, Teller zu zerschlagen und Sachen kaputt zu machen. Ich verlor völlig meine Geduld und warf ihn aus dem Haus. Seitdem habe ich ihn weder gesehen noch mit ihm gesprochen.

Der Mann machte einen wirklich jämmerlichen Eindruck.

Amma: Amma sieht dein Herz. Jeder hätte in dieser Situation die Kontrolle verloren. Hege wegen diesem Vorfall keine weiteren Schuldgefühle. Es ist jedoch wichtig, dass du ihm vergibst.

Mann: Das möchte ich ja, aber ich kann einfach nicht vergessen und den ersten Schritt vollziehen. Immer, wenn mein Herz mir sagt, dass ich ihm vergeben soll, zweifelt mein Mind daran. Mein Mind sagt: „Warum solltest du ihm vergeben? Er hat den Fehler begangen, also soll er kommen und es bereuen und dich um Vergebung bitten.“

Amma: Sohn, willst du die Situation wirklich lösen?

Mann: Ja, Amma! Das möchte ich und ich will dabei helfen, meinen Sohn und mich zu heilen.

Amma: Wenn dem so ist, dann höre nie auf deinen Mind. Der Mind kann eine solche Situation niemals heilen oder lösen. Im Gegenteil, er wird sie verschlimmern und dich noch mehr verwirren.

Mann: Amma, was rätst du?

Amma: Amma kann vielleicht nicht das sagen, was du hören willst. Amma kann dir jedoch sagen, was dir wirklich dabei helfen wird, die Situation zu heilen und Frieden zwischen dich und deinen Sohn bringen wird. Hab' Vertrauen, dann werden sich die Wogen langsam glätten.

Mann: Bitte sag mir, was zu tun ist! Ich werde mein Bestes geben, um deinen Worten zu folgen.

Amma: Das, was geschehen ist, ist geschehen. Erlaube dir erst, das zu glauben und anzunehmen. Dann vertraue darauf, dass es außer dem dir bekannten Grund auch einen unbekannten Grund für die Serie von Ereignissen gab, welche sich an diesem Tag ereigneten. Dein Mind ist unversöhnlich und nur darauf bedacht, deinem Sohn die Schuld an all dem zuzuschieben. Gut, was diesen bestimmten Vorfall betrifft, trägt er die Schuld; und dennoch....

Mann: (ängstlich) Amma, Du hast nicht alles gesagt, was Du sagen wolltest.

Amma: Lass Amma dich etwas fragen. Hast du deinen Eltern, insbesondere deinem Vater, sehr viel Respekt und Liebe entgegengebracht?

Mann: (etwas verwirrt dreinblickend) Mit meiner Mutter – ja, da hatte ich eine sehr schöne Beziehung... aber die Beziehung mit meinem Vater war schrecklich.

Amma: Warum?

Mann: Weil er sehr streng war und ich mit seinem Verhalten nur schwer zurechtkam.

Amma: Und mit Sicherheit hat es auch Zeiten gegeben, in denen du sehr grob zu ihm warst, was seine Gefühle verletzt hat, stimmt´s?

Mann: Ja.

Amma: Das bedeutet, dass das, was du deinem Vater angetan hast, jetzt durch deinen Sohn in Form seiner Worte und Taten zu dir zurückkommt.

Mann: Amma, ich glaube Deinen Worten.

Amma: Sohn, hast du nicht sehr unter der angespannten Beziehung zu deinem Vater gelitten?

Mann: Ja, das habe ich.

Amma: Hast du ihm je verziehen und die Beziehung geheilt?

Mann: Ja, aber nur wenige Tage vor seinem Tod.

Amma: Sohn, willst du, dass dein Sohn die gleiche leidvolle Erfahrung durchmachen muss, was dann wiederum auch dir Kummer bereiten wird?

Der Mann brach in Tränen aus und sagte kopfschüttelnd: „Nein, Amma, nein, niemals."

Amma: (ihn zu sich ziehend) Vergib also deinem Sohn, denn das ist der Weg zu Frieden und Liebe.

Der Mann saß an Ammas Seite und meditierte lange. Als er wegging, sagte er: „Ich fühle mich viel leichter und entspannt. Ich werde mich so bald wie möglich mit meinem Sohn treffen. Danke, Amma! Ich danke dir so sehr!"

Darśhan

Frage: Wie sollen die Leute zu dir kommen, um deinen Darśhan möglichst intensiv zu erleben?

Amma: Wie können wir die Schönheit und den Duft einer Blume intensiv erleben? Indem wir uns völlig der Blume öffnen. Wenn du eine verstopfte Nase hast, entgeht dir all das. Genauso entgeht dir auch Ammas Darśhan, wenn dein Mind durch beurteilende Gedanken und fixe Vorstellungen blockiert ist.

Ein Wissenschaftler betrachtet die Blume als Versuchsobjekt; ein Dichter als Inspiration für ein Gedicht; und ein Musiker? Der besingt die Blume; und ein Naturheiler sieht sie als Grundstoff für ein wirksames Medikament an, nicht wahr? Für ein Tier oder ein Insekt ist sie nichts weiter als Nahrung. Keiner von ihnen sieht die Blume als Blume, als ein Ganzes. So haben auch die Menschen verschiedene Wesenszüge. Amma empfängt alle gleichermaßen – gibt ihnen allen die gleiche

Chance, die gleiche Liebe, den gleichen Darśhan. Sie weist niemanden zurück, weil alle ihre Kinder sind. Je nach Empfänglichkeit wird der Darśhan jedoch für jeden verschieden sein.

Darśhan ist immer da. Er ist ein unendlicher Fluss den du nur empfangen musst. Wenn du dich für nur eine Sekunde lang völlig aus deinen Gedanken zurückziehen kannst, geschieht Darśhan in seiner ganzen Fülle.

Frage: Empfängt in diesem Sinne also jeder deinen Darśhan?

Amma: Es hängt davon ab, wie offen man ist. Je offener jemand ist, umso mehr Darśhan empfängt er oder sie. Wenn auch nicht voll und ganz, so erhält doch jeder einen kleinen Einblick.

Frage: Einen kleinen Einblick in was?

Amma: Einen Einblick in das, was er oder sie wirklich ist.

Frage: Heißt dass, derjenige auch einen Einblick von dem bekommt, was du wirklich bist?

Amma: Die Wirklichkeit in dir und in Amma ist dieselbe.

Frage: Was ist diese Wirklichkeit?

Amma: Die glückselige Stille der Liebe.

Nicht denken, sondern vertrauen

Reporter: Amma, was ist der Grund deines Daseins hier auf diesem Planeten?

Amma: Was ist der Grund deines Daseins hier auf diesem Planeten?

Reporter: Ich habe mir Ziele im Leben gesetzt. Ich glaube, dass ich hier bin um diese zu erreichen.

Amma: Auch Amma ist hier, um bestimmte Ziele zu erfüllen, die der Gesellschaft zugutekommen. Doch im Gegensatz zu dir glaubt Amma nicht nur, dass diese Ziele erreicht werden, sondern Amma vertraut vollkommen darauf, dass sie sich erfüllen.

AUM TAT SAT